HARCOURT

· TROFEOS ·

UN PROGRAMA DE LECTURA Y ARTES DEL LENGUAJE DE HARCOURT

DÍAS MARAVILLOSOS

AUTORAS
Alma Flor Ada ◆ F. Isabel Campoy

 Harcourt

Orlando   Boston   Dallas   Chicago   San Diego

Visita *The Learning Site*

www.harcourtschool.com

Requests for permission to make copies of any part of the work should be addressed to School Permissions and Copyrights, Harcourt, Inc., 6277 Sea Harbor Drive, Orlando, Florida 32887-6777. Fax: 407-345-2418.

HARCOURT and the Harcourt Logo are trademarks of Harcourt, Inc., registered in the United States of America and/or other jurisdictions.

Acknowledgments appear in the back of this book.

Printed in the United States of America

ISBN 0-15-322662-5

2 3 4 5 6 7 8 9 10 032 10 09 08 07 06 05 04 03 02

HARCOURT

TROFEOS

UN PROGRAMA DE LECTURA Y ARTES DEL LENGUAJE DE HARCOURT

DÍAS MARAVILLOSOS

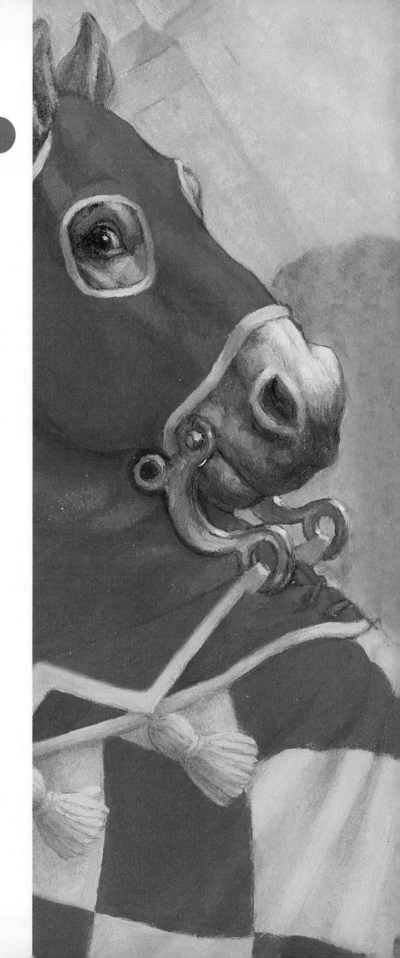

Querido lector:

¿Alguna vez has deseado conocer a un vaquero?, ¿o viajar en alta mar?, ¿o resolver algún misterio?

En *Días maravillosos* leerás acerca de personajes reales y ficticios que usan la imaginación, viajan a lugares lejanos y trabajan en equipo con sus vecinos para resolver problemas.

¡Hay tantas cosas por descubrir en la lectura! ¡No tardes más!

Atentamente,

Las autoras

Las Autoras

Tema 1

¡Imagínate!

Contenido

Relacionar textos

Relacionar textos

Vivimos juntos

Contenido

Relacionar
textos

Tema 3

Vámonos de viaje

Contenido

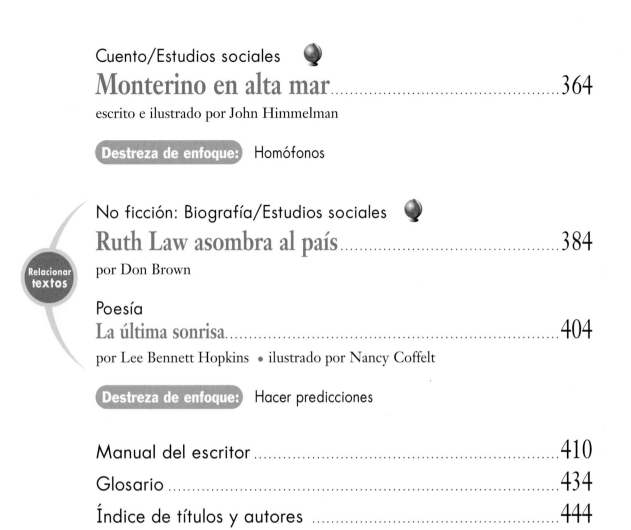
Relacionar textos

Cómo usar las estrategias de lectura

Una estrategia es un plan que te ayuda a hacer algo bien.

Durante la lectura, puedes usar estrategias para comprender mejor el texto. Primero **observa el título y las ilustraciones.** Luego, **piensa en lo que quieres saber.** Si aplicas estas estrategias, podrás llegar a ser un mejor lector.

Consulta la lista de estrategias de la página 11. Aprenderás a usarlas cuando leas este libro. Consulta la lista cuando leas para ayudarte a recordar las estrategias que usan los buenos lectores.

Estrategias que usan los buenos lectores

- Decodificar/Fonética
- Buscar las partes de las palabras
- Corregirse
- Leer más adelante
- Volver a leer en voz alta

- Hacer y confirmar predicciones
- Poner los sucesos en secuencia/Resumir
- Crear imágenes mentales
- Analizar el contexto para confirmar el significado
- Hacer inferencias

Para asegurarte de que has comprendido la lectura, ten en cuenta los siguientes consejos:

✔ Copia la lista de estrategias en una tarjeta.

✔ Usa la tarjeta como separador en tu lectura.

✔ Al terminar la lectura, habla con un compañero acerca de las estrategias que usaste.

¡Imagínate!

Contenido

El poder de las palabras

aburrida

agachó

alborotó

excursión

tractor

lunes

La semana pasada mi mamá se fue de viaje y tuve que quedarme en la casa de mi tía Lulú. Creí que iba a ser una visita muy **aburrida**, ¡pero estaba equivocado! Fue muy interesante.

Granja de manzanos

El sábado fuimos a una granja a recoger frutas. De pronto mi Tía Lulú se **agachó** para que no la picaran las abejas. Yo pisé un hormiguero sin darme cuenta. El hormiguero se **alborotó**, ¡pero por fortuna no me picaron las hormigas!

Cuando estábamos terminando de llenar nuestra canasta con fruta, ¡oí un ruido estruendoso! Era un **tractor** enorme. ¡Sus ruedas eran más altas que yo!

El hombre que manejaba el tractor era un amigo de mi tía, así que nos subimos y nos paseó por toda la granja. ¡Al final resultó ser una gran **excursión**!

CONEXIÓN
Vocabulario-Escritura

¿**A**lguna vez has creído que algo va a ser **aburrido** pero luego resulta divertido? Escribe sobre eso.

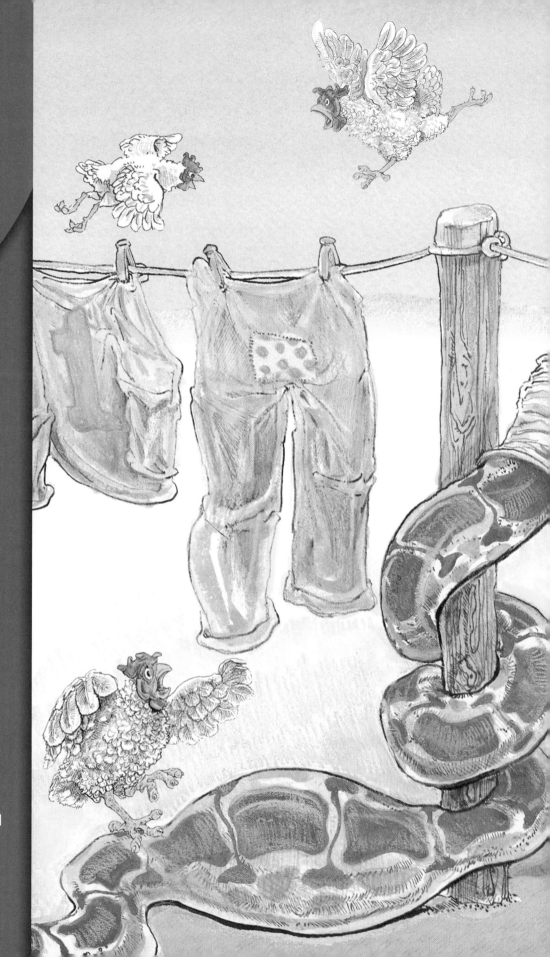

Género

Fantasía

Una fantasía es un cuento sobre sucesos que no podrían ocurrir en la vida real.

Busca

- **animales que hagan cosas que los animales reales no puedan hacer.**

- **un escenario que sea diferente al mundo real.**

16

El día que la boa de Jimmy se comió la ropa

por Trinka Hakes Noble
ilustrado por Steven Kellogg

—¿Cómo fue la excursión escolar a la granja?
—¡Oh!...aburrida...nada emocionante...
hasta que la vaca comenzó a llorar.

—¿Una vaca…llorando?

—Sí, claro, es que le cayó encima un fardo de heno.

—Pero un fardo de heno no se cae por sí sólo.

—Sí, se cae si un granjero lo choca con su tractor.

—¡Oh! ¡Vamos! Un granjero no haría eso.

—Lo haría si estuviera muy ocupado gritándoles a los cerdos para que salgan de nuestro autobús escolar.

20

—¿Qué hacían los cerdos en el autobús?

—Se estaban comiendo nuestro almuerzo.

—¿Por qué se estaban comiendo sus almuerzos?

—Porque comenzamos a tirarnos el maíz de
los cerdos y no tenían otra cosa para comer.
—Eso lo entiendo, pero ¿por qué se tiraban
el maíz?

—Porque se nos acabaron los huevos.

—¿Se les acabaron los huevos? ¿Y por qué se tiraban los huevos?

—Por culpa de la boa constrictor.
—¡LA BOA CONSTRICTOR!
—Sí, la boa constrictor de Jimmy.
—¿Y qué hacía la boa constrictor
de Jimmy en la granja?

24

—¡Oh! Él la trajo para que conociera a todos los animales de la granja, pero a los pollos no les gustó.

—¿Quieres decir que la llevó al gallinero?

—Sí, y los pollos comenzaron a cacarear y a volar por todas partes.

—Sigue, sigue. Y luego, ¿qué pasó?

25

—Bueno, una gallina se alborotó y puso un huevo
que aterrizó sobre la cabeza de Juanita.

—¿Quién? ¿La gallina?

—No, el huevo. Se rompió, ¡pufff!, y le ensució todo el pelo.

—¿Y ella qué hizo?

—Se enojó porque pensó que se lo había tirado Tomás,
y entonces le tiró uno a él.

—¿Y qué hizo Tomás?

—Se agachó rápidamente y el huevo fue a caer
sobre la cara de María.

26

—Luego ella le tiró uno a Juanita, pero
falló y golpeó a Jimmy, quien dejó
caer la boa constrictor.

—Ya entiendo, y de buenas a primeras
todos se estaban tirando huevos, ¿verdad?
Y cuando se acabaron los huevos,
comenzaron a tirar el maíz de los cerdos,
¿verdad?

—Tienes razón, así fue.

—Bueno, ¿y cómo acabó todo eso?

—De repente oímos gritar a la mujer del granjero.

—¿Por qué gritaba?

—Nunca llegamos a saberlo, porque la Sra. Suárez nos hizo subir al autobús, y nos fuimos a toda prisa sin la boa constrictor.

29

—Apuesto a que Jimmy estaba muy triste porque
dejó su mascota, la boa constrictor.
—No lo creo. Partimos con tanto apuro que uno
de los cerdos se quedó en el autobús, así que
ahora tiene un cerdito de mascota.

—Por cierto, parece que fue una excursión
muy divertida.

—Supongo que sí, pero para quien le gusten
las excursiones escolares a una granja.

Reflexionar y responder

1 ¿En qué problemas se metió la clase en la excursión a la granja?

2 ¿Por qué es importante el escenario en este cuento?

3 ¿Cómo sería diferente el cuento si el autor no hubiera hecho que
Jimmy llevara la boa a la granja?

4 ¿Crees tú que una excursión a una granja sería **aburrida** o
divertida?

5 ¿Cómo crees que el pensar en lo que puede suceder más adelante
te ayuda a leer este cuento?

31

Conoce a la autora

Trinka Hakes Noble

Trinka Hakes Noble creció en una
pequeña granja en Michigan. Fue
a una escuela que sólo tenía un
salón. De hecho, ella era la única
persona en su grado. Trinka Hakes
Noble era una maestra de arte
antes de que comenzara a escribir
e ilustrar libros para niños. Sin
embargo para "El día que la boa
de Jimmy se comió la ropa" ella
quiso emplear un ilustrador
que tuviera un estilo diferente
al de ella.

Conoce al ilustrador

Steven Kellogg

Antes de ilustrar un cuento, Steven Kellogg lee las palabras del autor cuidadosamente. A él le gusta hacerse imaginar los acontecimientos como si fuera una película. Luego piensa en ilustraciones que muestren lo que las palabras no dicen. "Juntar las palabras y las ilustraciones es como hacer un rompecabezas", dice él. "Eso es lo que más me gusta de hacer libros para niños".

**Visita *The Learning Site*
www.harcourtschool.com**

ACERTIJOS

por Katy Hall y Lisa Eisenberg

¿Cómo firmó la boa su carta a la cabra?

"Con muchos abrazos..."

¿Qué tipo de zapatos usan las serpientes?

¡Mocasines!

de SERPIENTES

ilustrado por
Simms Taback

¿Por qué la pequeña serpiente estaba contenta de no ser venenosa?

¡Porque se acababa de morder la lengua!

¿Por qué el búho no se comió la serpiente verde?

¡Estaba esperando a que madurara!

Hacer conexiones

Compara textos

1. El título de este tema es ¡Imagínate! ¿Por qué crees que "El día que la boa de Jimmy se comió la ropa" es parte de este tema?

2. Piensa en la trama de esta historia. ¿Cuáles sucesos podrían ser reales? ¿Cuáles son inventados?

3. ¿En qué se parecen las serpientes de "Acertijos de culebras" a la boa constrictor de Jimmy?

Escribe una adivinanza

Escribe una adivinanza sobre una serpiente. Primero piensa en una palabra que empiece con la sílaba "ser". Esa palabra debe ser la respuesta a tu adivinanza. Después escribe una pregunta que lleve la palabra que empieza con la sílaba "ser" como respuesta. Comparte tu adivinanza con tus compañeros.

CONEXIÓN con la Escritura

¿Cómo se llama la serpiente de colores que adorna las fiestas?

Serpentina

Compara tierras

Los agricultores necesitan saber acerca de diferentes tipos de tierra. Toma un poco de tierra de tres lugares diferentes. Después haz una tabla como la que se muestra abajo. Comenta con tus compañeros en qué se parecen las tierras y en qué se diferencian.

Tierra	¿De qué color es?	¿Como se siente al tacto?	¿Está húmeda o no?
Tierra 1	Café claro		
Tierra 2	Negra		
Tierra 3			

Necesitamos granjas

Piensa en los alimentos y en otros productos que se obtienen de las granjas. Luego trabaja con tus compañeros para elaborar un cartel de "Necesitamos granjas". Incluye palabras y dibujos que muestren todas las cosas diferentes que consumimos de las granjas y por qué estas cosas son importantes.

¡Necesitamos granjas!

semillas

vacas

maíz

leche

37

El día que la boa
de Jimmy se
comió la ropa

Agregar *-s* y *-es* a las palabras

Cuando quieres cambiar una palabra que nombra una cosa por otra que nombra varias cosas, agrega *-s* o *-es* a la palabra:

una <u>serpiente</u> – dos <u>serpientes</u>

Usa estas reglas para agregar *-s* o *-es* a las palabras.

Agrega *-s* a las palabras que terminan en vocal.

silla – silla<u>s</u>   coche – coche<u>s</u>

Agrega *-es* cuando las palabras terminan en consonante.

mantel – mantel<u>es</u>   tractor – tractor<u>es</u>

Usa estas sugerencias para agregar *-s* o *-es*.

• Agrega *-s* a las palabras que terminan en *-a*, *-e*, *-i*, *-o* o *-u*.

• Agrega *-es* a las palabras que terminan en *-d, -n, -r, -l* o *-j*.

Preparación para las pruebas

Agregar *-s* o *-es* a las palabras

Escoge la palabra que aparezca correctamente en plural.

Ejemplo: **barco**

- ○ barcoes
- ○ barcoces
- ● barcos

Sugerencia

Observa en qué termina la palabra. Recuerda lo que debes agregar si termina en una vocal o en una consonante.

1. **boa**

- ○ boas
- ○ boaces
- ○ boaes

Sugerencia

Recuerda cómo son las reglas para agregar *-s* o *-es* a las palabras.

2. **pastel**

- ○ pasteles
- ○ pastelces
- ○ pastels

3. **sopa**

- ○ sopaces
- ○ sops
- ○ sopas

El poder de las palabras

atareadísima

cesta

corral

glotonería

merienda

perezoso

requesón

Mi familia y yo vivimos en una granja. Mi mamá siempre está **atareadísima** con tanto trabajo, el de la casa y el de la granja.

Temprano en la mañana, mientras mi mamá va al **corral** a dar de comer a los animales, yo le ayudo llevando a la lavadora la **cesta** de la ropa sucia.

40

Cuando mi mamá les da de comer a los cerdos, ellos corren hacia el alimento y lo devoran con **glotonería**.

A la hora de la **merienda** todos nos sentamos en la terraza a disfrutar un momento de tranquilidad. El gato Lucky se enrosca **perezoso** a los pies de mi hermano, esperando que lo acaricie.

El postre favorito de mi familia es pastel de **requesón** con mermelada de moras.

CONEXIÓN
Vocabulario-Escritura

Cuando te sirven tu comida favorita, ¿te la has comido alguna vez con **glotonería**? Explica tu respuesta.

El poder de las palabras

Camilón, comilón

por Ana María Machado

ilustrado por Iván Valverde

Camilo era un cerdito.
Un cerdito bastante gordo.
Por eso lo llamaban Camilón.
   No era un cerdo muy sucio.
Pero sí era perezoso.
Y muy glotón.
Sí, señor, Camilón
era un gran comilón.

Camilón no quería saber nada de trabajar para ganarse la comida.

Prefería comer cada día en casa de un amigo. O pedir un poquito de comida a los demás.

Y nadie se molestaba por eso, porque todos eran amigos de Camilón. Y hasta les hacía gracia la glotonería del cerdito, porque no dañaba a nadie. Si acaso, solamente a Camilón.

Un día, Camilón salió de casa con una cesta vacía. En el fondo de la cesta sólo llevaba una servilleta.

En la huerta del señor Manduca
se encontró con el perro Fiel.

—Buenos días, amigo Fiel.
¿Qué está haciendo usted?

—Trabajando, amigo, estoy
cuidando estas sandías.

—¡Vaya, cuántas sandías!
Y yo, aquí, con un hambre que
creo que me voy a desmayar.
¿No podría usted regalarme una?

—Bueno… está bien.
Tenga usted una sandía.

Y allá marchó Camilón, camino adelante,
con su cesta. Y en la cesta, una sandía. Y encima
de ella, la servilleta.

Más adelante, Camilón se encontró con
el burro Yoca, que tiraba de una carretilla.

—Buenos días, amigo Yoca. ¿Qué está
haciendo usted?

—Trabajando, amigo. Llevo estas calabazas
al mercado.

—¡Vaya, cuántas calabazas! Y yo, aquí, con
un hambre que creo que me voy a desmayar.
¿No podría usted regalarme algunas?

—Bueno… está bien… Tome
dos calabazas.

Y allá marchó Camilón, camino adelante,
con su cesta.

Y en la cesta, una sandía y dos calabazas.
Y encima de todo, la servilleta.

Más adelante, Camilón se encontró con
la vaca Mimosa, que estaba en su corral.

—Buenos días, amiga Mimosa. ¿Qué está
haciendo usted?

—Trabajando, amigo. Estoy haciendo
mantequilla, queso y requesón.

—¡Vaya, cuántas cosas! Y yo, aquí, con
un hambre que creo que me voy a desmayar.
¿No podría usted regalarme alguna cosilla?

—Bueno… está bien… Tome
tres quesos y cuatro litros de leche.

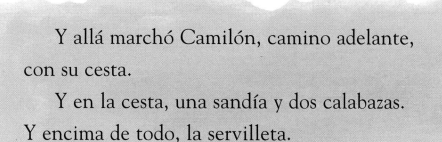

Y allá marchó Camilón, camino adelante,
con su cesta.

Y en la cesta, una sandía, dos calabazas,
tres quesos y cuatro litros de leche.
Y encima de todo, la servilleta.

Más adelante, Camilón se encontró con
la gallina Quica, a la puerta del gallinero. Y la
misma conversación… Y la misma petición…

Y Quica que grita mirando al gallinero:

—¡Hijos míos, que el señor Camilón
quiere maíz!

Y los pollitos le trajeron cinco mazorcas
de maíz a Camilón.

Y allá marchó Camilón, camino adelante, con su cesta.

Y en la cesta, una sandía, dos calabazas, tres quesos, cuatro litros de leche y cinco mazorcas de maíz. Y encima de todo, la servilleta.

Más adelante, Camilón se encontró con el mono Simón.

Esta vez la cosa no fue tan fácil, porque el mono Simón era muy listo.

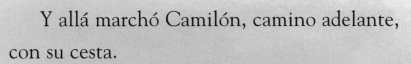

Pero tanto insistió Camilón, que acabó convenciéndolo.

—Está bien. Un racimo entero no le voy a dar. Pero, bueno, tome seis plátanos.

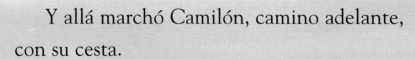

Y allá marchó Camilón, camino adelante, con su cesta.

Y en la cesta, una sandía, dos calabazas, tres quesos, cuatro litros de leche, cinco mazorcas de maíz y seis plátanos. Y encima de todo, la servilleta.

Más adelante, Camilón se encontró con la abeja Sum-Sum, que estaba atareadísima buscando polen.

Y Camilón habló y habló… Y pidió… Y acabó consiguiendo siete frascos de miel.

Y allá marchó Camilón, camino adelante,
con su cesta.

Y en la cesta, una sandía, dos calabazas,
tres quesos, cuatro litros de leche, cinco mazorcas
de maíz, seis plátanos y siete frascos de miel.
Y encima de todo, la servilleta.

Más adelante, Camilón se encontró con el conejo
Orejudo. Y, bueno, supongo que habrás adivinado
lo que ocurrió. ¡Eso mismo…! El conejo dijo que
estaba trabajando… Y Camilón dijo que tenía
tanta hambre que estaba a punto de desmayarse…

Y al final Camilón consiguió ocho
lechugas y nueve zanahorias.

El cerdito metió todo en la cesta, lo cubrió
con la servilleta, y allá marchó Camilón,
camino adelante, con su cesta.

Y en la cesta,
¡cuántas sandías? ¡Una!
¡Cuántas calabazas? ¡Dos!
¡Y quesos? ¡Tres!
¡Y litros de leche? ¡Cuatro!
¡Y mazorcas de maíz? ¡Cinco!
¡Y plátanos? ¡Seis!
¡Y frascos de miel? ¡Siete!
Y ocho lechugas…
Y nueve zanahorias…
¡Toda una montaña de comida!

Pero Camilón aún no
estaba satisfecho.

Más adelante se encontró con la ardilla.
Y Camilón habló y habló... Y pidió...
Y acabó convenciéndola.

Y allá marchó Camilón, camino adelante,
hasta un lugar sosegado en medio
del bosque, con su cesta.

Y en la cesta, una sandía, dos
calabazas, tres quesos, cuatro litros
de leche, cinco mazorcas de maíz,
seis plátanos, siete frascos
de miel, ocho lechugas,
nueve zanahorias...
¡y diez avellanas que
le dio la ardilla!

¿Y qué crees que pasó luego? ¿Que Camilón
se escondió y se comió, él solo, todo aquello?
¿Y que después tuvo el mayor dolor de barriga
del mundo?

Bueno, si quieres, así puede
acabar la historia.

Pero a mí me parece que eso ya
ha ocurrido antes muchas veces...,
demasiadas veces.

Y también me parece que esta vez
debería ocurrir una cosa diferente.

Nuestro amigo cerdito era un glotón,
sí, señor, pero era amigo de todo el mundo.
Porque compartía lo que tenía.

Por eso, Camilón organizó una gran
merienda e invitó a todos los amigos
que le habían dado alguna cosa.

Yo también voy a ir a la merienda.
Y voy a llevar once naranjas.

57

¿Quieres venir a la fiesta?

Podrías llevar doce… ¿doce qué?

¿Y tu hermano?

¿Y tu amiga?

Reflexionar y responder

1 ¿Por qué Camilón era amigo de todo el mundo?

2 ¿Cómo imaginas que se sintieron los amigos de Camilón cuando compartió su comida con ellos?

3 ¿Crees que sin la cooperación de los demás Camilón hubiera podido organizar la **merienda**? Explica tu respuesta.

4 ¿Alguna vez has compartido tu merienda con tus amigos? ¿Cómo te sentiste?

5 ¿Cuál estrategia usaste para ayudarte a leer este cuento?

Conoce a la autora
Ana María Machado

Ana María Machado nació en Río de Janeiro, Brasil. Escribe desde 1969 libros para niños y adultos que han sido publicados en numerosos países. Es además narradora y poeta.

Ella dice que "escribe porque le gustan las historias, le gusta la gente con opiniones, experiencias y emociones diferentes, y le gusta pensar e imaginar."

En el año 2000 fue otorgada el galardón internacional Hans Christian Andersen, premio que se da cada dos años a un autor por su contribución a la literatura infantil y juvenil.

**Visita *The Learning Site*
www.harcourtschool.com**

La hormiga y la paloma

por **Tom Paxton**
ilustrado por **David Galchutt**

Una hormiga tenía sed y quiso beber agua.
De pronto, la corriente creció
y el agua la arrastró.
Parecía que se ahogaría.
Una paloma tomó una rama
y la dejó caer junto a la hormiga.
La hormiga se sujetó
y trepó hasta llegar a la orilla.

Poco después, un cazador
puso una trampa
para atrapar a la paloma.
La hormiga subió a su pierna
y lo mordió con fuerza,
y el cazador huyó.
¡No lo olvides hermana!
¡No lo olvides hermano!
El bien que se hace con el bien se paga.

Reflexionar y responder

¿Por qué es especial la amistad
entre la hormiga y la paloma?

61

Hacer conexiones

Compara textos

1. ¿En qué se parecen las historias "Camilón, comilón" y "El pastel de Erizo"?

2. Piensa en los personajes Camilón y Erizo. ¿En qué son diferentes?

3. Camilón y Erizo fueron ayudados por sus amigos. ¿Qué tipo de ayuda crees funcionó mejor: la de Camilón o la de Erizo? Explica por qué.

Escribir una tarjeta postal

Supón que Camilón invitó a sus amigos mandándoles una tarjeta postal. Haz una tarjeta para enviarla a uno de tus compañeros de clase. En un lado dibuja el restaurante donde más te gustaría comer. En el otro lado de la tarjeta cuenta qué clase de comida sirven y cuál es tu plato favorito. Incluye una dirección.

CONEXIÓN con la Escritura

Querida Cristina:
Adivina qué estoy haciendo. Estoy comiendo en mi restaurante favorito con mi familia.
Tu amiga,
Susana

Cristina
Calle Cuarta # 100
Los Pinos, México 39541

Fuentes de calor

Camilón preparó una merienda maravillosa. ¿Qué ha usado la gente a través de los años para cocinar o para calentarse?

Haz una tabla que muestre tus ideas. Presenta tu tabla a tus compañeros.

FUENTES DE CALOR

Para cocinar	Para calentarse
fuego	sol

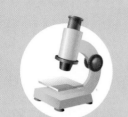

La buena mesa

Piensa en una día de fiesta especial cuando tu familia se reunió con otros familiares o amigos y cenaron juntos. Haz dibujos para ilustrar tu relato. Comparte lo que escribiste con tus compañeros.

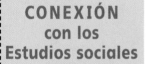

63

Palabras que terminan en *-ón, -oso, -osa*

Lee estas oraciones del cuento "Camilón, comilón".

Sí, señor, Camilón era un gran <u>comilón</u>.
No era un cerdo muy sucio. Pero sí era <u>perezoso</u>.
Más adelante Camilón se encontró con la vaca <u>Mimosa</u>.

Di en voz alta las palabras subrayadas *comilón*, *perezoso* y *Mimosa*. Escucha el sonido al final de estas palabras.

Aquí hay otras palabras más largas. Usa lo que sabes acerca de las partes de palabras para ayudarte a leer estas palabras.

presuroso	**preciosa**	**callejón**
mentirosa	**invitación**	**gracioso**

> **Usa estas sugerencias para leer una palabra larga.**
> - Busca partes de palabras que conoces.
> - Lee cada parte. Luego combina las partes para formar nuevas palabras.

Preparación para las pruebas

Palabras que terminan en *-ón, -oso, -osa*

Escoge la palabra que tenga la terminación subrayada en la primera palabra.

Ejemplo: **juguet<u>ón</u>**

○ demasiado

● comilón

○ repleta

1.   amor<u>osa</u>

○ turbación

○ espaciosa

○ gustoso

2.   tentaci<u>ón</u>

○ tentaciones

○ ardilla

○ imaginación

3.   ruid<u>oso</u>

○ arenoso

○ silencio

○ emperadores

Sugerencia

Observa con atención las letras subrayadas. Asegúrate de que la respuesta correcta tiene el mismo sonido.

Sugerencia

Elimina las opciones que no tienen el mismo sonido.

Destreza de fonética

El poder de las palabras

Querido Sr. Arándano

acariciar

decepcionar

estanque

información

migratorias

océano

Tengo un pez como mascota. Se llama Doradito. Antes de comprarlo leí muchos libros con **información** sobre los peces.

Compré una pequeña pecera y comida para peces, que papá me ayudó a abrir. Yo sé que Doradito preferiría estar en un **estanque** más grande, pero lo voy a cuidar muy bien para que esté contento en su pecera.

Un día traté de **acariciar** a Doradito. Mamá me dijo que no me quería **decepcionar**, pero que lo podía lastimar. Yo no quiero hacerle daño a Doradito.

Ahora cuido a Doradito yo solo. Sé que en los **océanos** hay millones de peces nadando y mamíferos, como las ballenas **migratorias**, ¡pero Doradito es mi favorito!

CONEXIÓN
Vocabulario-Escritura

¿**Q**ué animal te gustaría tener como mascota? ¿Qué **información** necesitas para saber cómo cuidar de él?

Género

Cuento informativo

Un cuento informativo ofrece datos acerca de un tema determinado.

Busca

- a personajes que te den información.
- el principio, medio y fin en este cuento.

Querido Sr. Arándano

texto e ilustraciones por SIMON JAMES

Querido señor Arándano:

Me encantan las ballenas y creo que hoy he visto una en mi estanque. Por favor, envíeme un poco de información sobre las ballenas, pues creo que podría estar herida.

Besos
Emilia

Querida Emilia:

Aquí tienes algunos datos sobre las ballenas. Creo que con esto te darás cuenta de que lo que has visto no es una ballena, pues las ballenas no viven en estanques sino en agua salada.

Con afecto, tu maestro,

Sr. Arándano

Querido señor Arándano:

Ahora todos los días, antes de
ir a la escuela, pongo sal en el
estanque y anoche vi sonreír a mi
ballena. Creo que se siente mejor.
¿Cree que andará perdida?

Besos
Emilia

Querida Emilia:

Por favor, no pongas más sal en el estanque. Estoy seguro de que a tus padres no les va a gustar.

Yo diría que lo que hay en tu estanque no puede ser una ballena porque las ballenas no se pierden. Incluso en el océano siempre saben dónde están.

Con afecto,

Sr. Arándano

Querido señor Arándano:

Esta noche me siento feliz porque he visto a mi ballena saltar y arrojar grandes cantidades de agua.
Parecía azul.

¿Significa esto que podría ser una ballena azul?

Besos
Emilia

P.D. ¿Con qué puedo alimentarla?

Querida Emilia:

Las ballenas azules son azules y se alimentan de animales diminutos que viven en el mar. De todos modos debo decirte que una ballena azul es demasiado grande para vivir en tu estanque.

Con afecto,

Sr. Arándano

P.D. ¿No será tal vez un pez de color azul?

Querido señor Arándano:

Anoche le leí su carta a mi ballena. Después me dejó acariciar su cabeza. Fue muy emocionante.

A escondidas le llevé cereales y migas de pan. Esta mañana miré en el estanque ¡y ya no había nada!

Creo que podría llamarle Berta. ¿Qué le parece?

Besos
Emilia

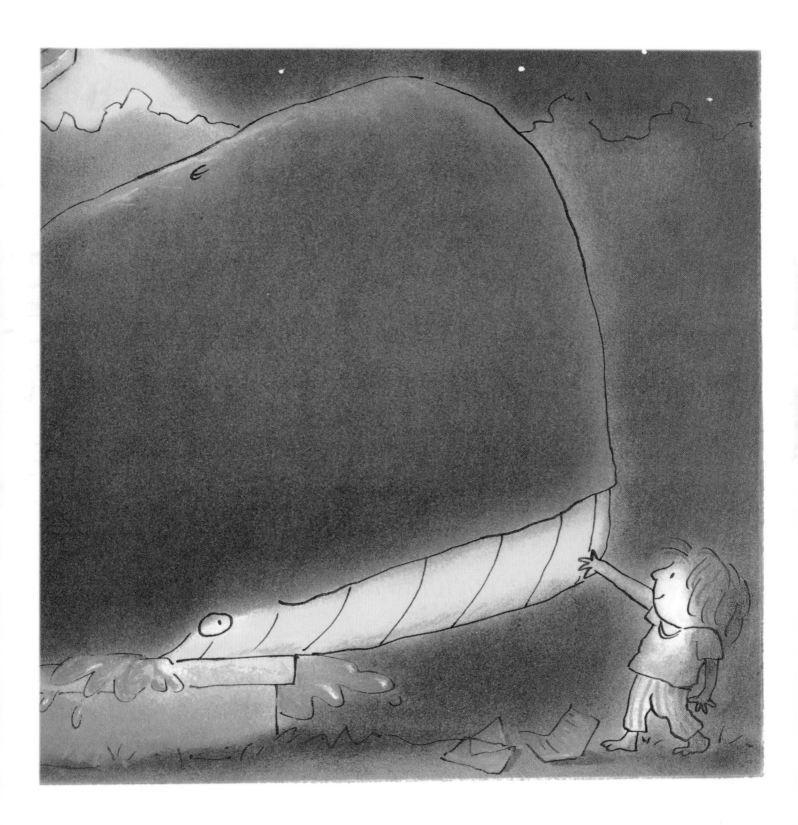

Querida Emilia:

Debo señalarte, esta vez un poco enérgicamente, que no es posible que una ballena viva en tu estanque. Debes saber que las ballenas son migratorias, *lo cual significa que recorren grandes distancias cada día.*

Siento decepcionarte.

Con afecto,

Sr. Arándano

Querido señor Arándano:

   Esta noche estoy un poco triste. Berta se ha ido. Creo que entendió su carta y ha decidido ser migratoria otra vez.

Besos
Emilia

Querida Emilia:

No estés tan triste, por favor. Era realmente imposible que una ballena viviera en tu estanque. Quizá cuando seas mayor querrás navegar por los océanos estudiando y protegiendo a las ballenas conmigo.

Con afecto,

Sr. Arándano

Querido señor Arándano:

¡Hoy ha sido el día más
feliz de mi vida! Fui a la orilla
del mar y ¿qué cree? ¡vi a
Berta! La llamé y sonrió.
Supe que era Berta porque
me dejó acariciar su cabeza.

Le di un poco de mi
sándwich y nos dijimos
adiós.

Le grité que la quería
mucho y, espero que no
le importe,

le dije que usted también
la quería.

Besos
Emilia (y Berta)

Reflexionar y responder

1 ¿Qué **información** aprende Emilia sobre las ballenas?

2 ¿Quiénes son los personajes en este cuento? ¿En qué se parecen? ¿En qué se diferencian?

3 ¿Qué tan diferente sería esta historia si en su estanque Emilia hubiera visto un pececillo en vez de una ballena?

4 ¿Te gustaría tener una ballena como mascota? ¿Por qué?

5 ¿Qué estrategias usaste para leer este cuento?

Conoce al autor e ilustrador
Simon James

Simon James fue granjero, vendedor, gerente de un restaurante y oficial de policía. De hecho, Simon James ha tenido ¡catorce trabajos diferentes! Ahora se dedica a escribir e ilustrar libros infantiles y a dar clases cerca de su casa. Le gusta enseñar a los niños a divertirse mientras hacen barullo y al mismo tiempo expresan sus ideas.

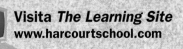

Visita *The Learning Site*
www.harcourtschool.com

¡Qué grandes son las ballenas!

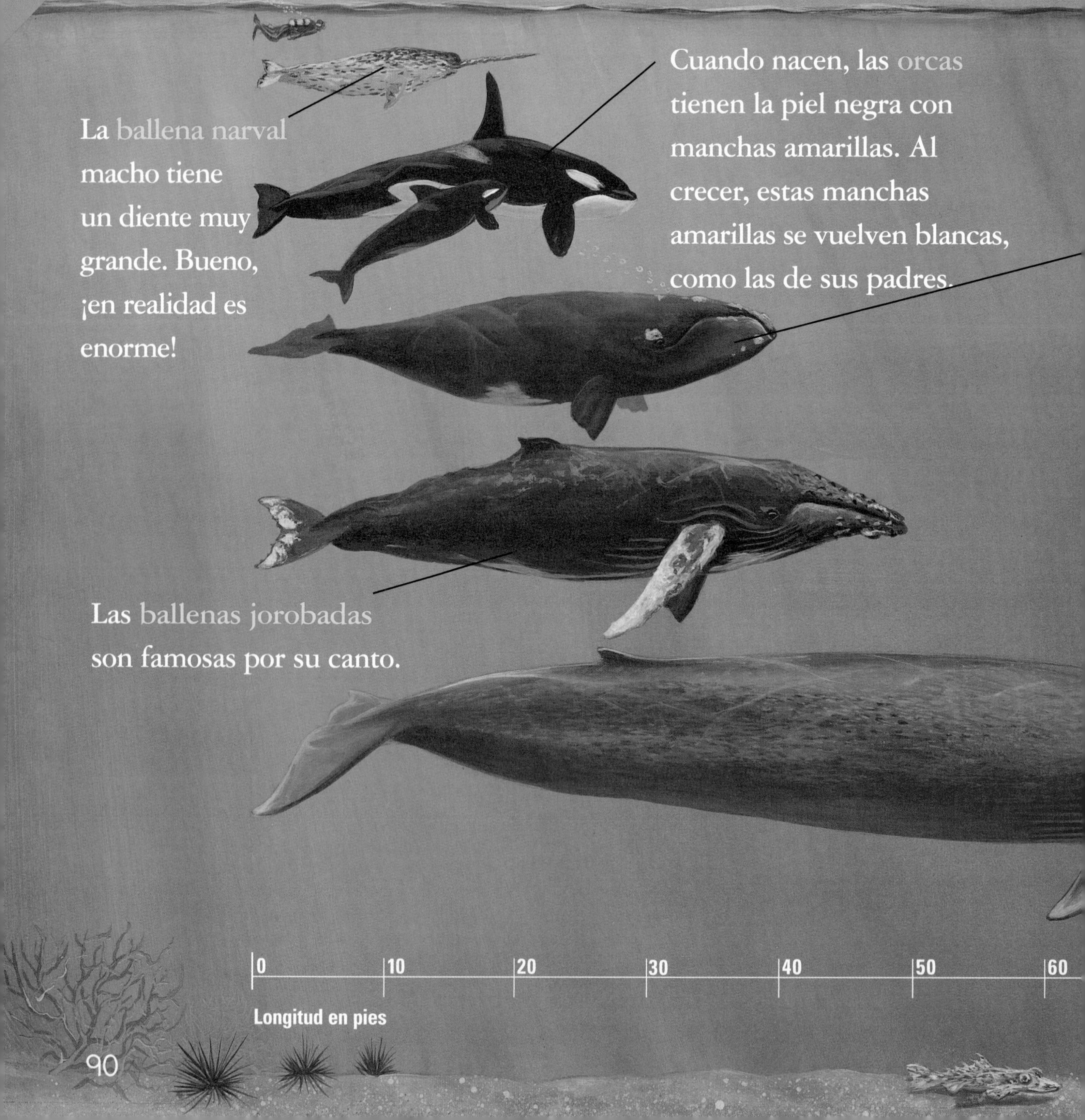

Cuando nacen, las orcas tienen la piel negra con manchas amarillas. Al crecer, estas manchas amarillas se vuelven blancas, como las de sus padres.

La ballena narval macho tiene un diente muy grande. Bueno, ¡en realidad es enorme!

Las ballenas jorobadas son famosas por su canto.

0 10 20 30 40 50 60

Longitud en pies

Las ballenas francas no tienen dientes. Para alimentarse abren su hocico y, como si fuera una red, atrapan todo tipo de animales pequeños.

La ballena azul es más grande que cualquier dinosaurio. Estas ballenas pueden vivir hasta ochenta años.

En "Querido Sr. Arándano", Emilia se da cuenta de que las ballenas son demasiado grandes para vivir en su estanque. Conoce más acerca del tamaño de las ballenas en "¡Qué grandes son las ballenas!"

Reflexionar y responder

¿En qué se parecen estas ballenas?

70   80   90   100

Hacer conexiones

Compara textos

1 ¿Por qué piensas que esta selección es parte del tema ¡Imagínate!?

2 Compara la ballena de Emily con la boa de "El día que la boa de Jimmy se comió la ropa". ¿Qué es lo imaginario de cada animal?

3 Vuelve a leer las cartas del Sr. Arándano y "Qué grandes son las ballenas". ¿Qué aprendiste sobre las ballenas?

Escribe una carta

Imagínate que acabas de encontrar a un animal raro viviendo cerca de tu casa. Escribe una carta amigable a tu maestro contándole acerca del animal. Asegúrate de que tu carta lleve un encabezado, un saludo, un cuerpo, una despedida y tu firma.

CONEXIÓN con la Escritura

¿Tan grande como una ballena azul?

Las ballenas azules pueden crecer hasta 30 metros de largo. Sal del salón de clases con tus compañeros. Usa una cinta métrica para investigar cuánto son 30 metros. Después haz una tabla como la que se muestra abajo. ¿Qué cosas son más pequeñas que una ballena azul? ¿Cuáles son más grandes? ¿Qué te hace pensar así?

OBJETOS	Más pequeños que la ballena	Más grandes que la ballena
	✓	
un auto		
tu salón de clases		
tu escuela		
un perro grande		
un bus escolar		

¿Dónde está la playa?

Busca América del Norte en un mapa. Luego busca el estado en donde vives. ¿Qué océano está más cerca de tu estado? Con el dedo traza la ruta que deberías de seguir para llegar al océano. Comparte tu información con un compañero.

Hacer inferencias

Destreza
de
enfoque

Cuando haces inferencias usas lo que ya sabes para completar ideas que la historia no te dice. Para hacer inferencias busca pistas en palabras e imágenes conforme avanzas en tu lectura.

Aquí se muestran algunas inferencias que puedes hacer cuando leas "Querido Sr. Arándano". ¿Qué inferencia puede ir en el último cuadro?

Pistas en la historia + lo que sabes = Inferencia		
El Sr. Arándano sabe mucho sobre las ballenas.	Hay muchos libros que dan información sobre las ballenas.	El Sr. Arándano debe haber leído libros sobre las ballenas.
Emily pone mucho empeño en cuidar a Berta.	La gente que tiene mascotas debe cuidarlas bien.	Emily podría cuidar bien a una mascota.
Emily vive cerca de un estanque.	Las ballenas no viven en estanques.	?

Visita *The Learning Site*
www.harcourtschool.com

Ve Destrezas y Actividades

Preparación para las pruebas

Lee el párrafo y contesta las preguntas.

La leche derramada

Curtis entró en la cocina. Sobre la mesa había tirado un cartón de leche y la leche se había derramado. Sophie, la gata de Curtis, estaba bebiendo la leche derramada. Rápidamente Curtis tomó una esponja del fregadero.

1. **Se podría suponer que__.**
   - ○ Curtis derramó la leche
   - ○ Sophie derramó la leche
   - ○ el gato de Sophie derramó la leche
   - ○ nadie derramó la leche

Sugerencia

Lee de nuevo la historia para asegurarte de que ya tienes la información importante.

2. **¿Qué sabes acerca de los gatos que te ayude a responder la primera pregunta?**
   - ○ Los gatos tienen nueve vidas.
   - ○ Los gatos son buenas mascotas.
   - ○ A los gatos les gusta beber leche.
   - ○ Los gatos no deberían subirse a las mesas.

Sugerencia

Piensa en los gatos que has visto y de que has leído al respecto.

Destreza de enfoque

95

El poder de las palabras

arremolinada

bruma

carámbanos

copos

pálido

refrescante

Ayer fuimos al Museo de Arte para escapar la bruma y el calor del verano. Mi papá me compró una limonada refrescante.

Primero miramos unas pinturas. A mi papá le gustó una con un hombre en una montaña cubierta de nieve. Me explicó que la nieve cae en copos. También me dijo que el hielo puede colgar de las montañas en formas puntiagudas llamadas carámbanos. Papá se puso a imitar la cara de frío que tenía el hombre en la pintura.

La pintura favorita de mamá fue una del sol poniéndose en una playa. A ella le gustó el color **pálido** de las nubes y el anaranjado brillante del sol. A un bebé en un coche también parece que le gustó, pues lloró cuando se lo llevaron.

Mi pintura favorita fue un pequeño cuadro que mostraba una tortuga nadando en un estanque. Casi no pude verla porque también había mucha gente **arremolinada** mirándola.

CONEXIÓN
Vocabulario-Escritura

Escribe acerca de una pintura, una estatua o una obra de arte que alguna vez hayas **admirado**. Di cómo te sentiste.

La frescura

escrito e ilustrado
por Nancy Poydar

de Ali

A Ali le encantaba dibujar
y se la pasaba dibujando todo
el tiempo.

Un día de verano, su madre le
dijo: —Ali, Ali, ¡hace demasiado
calor para quedarse en casa!

Ali tomó su caja de tizas
y salió.

No había llovido en semanas,
así que Ali dibujó grama y flores
en la acera. Estaba tan atareada
dibujando que no se dio cuenta
de que otras personas también
salían del caluroso edificio.
Algunos se quejaban de la
temperatura, otros se abanicaban
con periódicos.

Los bebés estaban inquietos.
Nadie podía dejar de pensar
en el calor.

101

Entonces Ali dibujó un
laguito alrededor de la silla
de la señora Frye.

—¡Aaah! —suspiró la
señora Frye mientras metía
los dedos de los pies en el
agüita fría—.
¡Aaah, aaah!

—Refrescante —dijo Iván
Baker que se sentía
deslumbrado por el sol.

Ali dibujó una sombrilla de playa sobre la cabeza de Iván.

—¡Refrescante! —volvió a decir Iván.

El señor Boyle bajó su abanico de periódico para ver qué podía refrescar tanto en un día tan caluroso.

Ya no quedaba más lugar en el lago o bajo la sombrilla de playa.

El señor Boyle miró la bruma que levantaba el calor y se quejó:

—No sopla ni una brisa, ni una sola brisa.

Entonces, Ali dibujó un viento del norte y los dientes del señor Boyle empezaron a castañetear.

—Brrr —dijo.

—Brrr —lo imitaron los niños—, ¡brrr, brrr!

Ali dibujó un oso polar de pelaje amarillo pálido.

—Grrr —parecía decir—, ¡grrr, grrr!

—¡Jiiii! —chillaban los niños mientras se turnaban para montar en su espalda—, ¡jiiii!

—¡Qué día! —dijo la mamá de Ali al salir por fin del caluroso edificio—. —¡Qué día! —repitió cuando vio lo que Ali había hecho. En seguida tocó el agua del laguito, observó la sombrilla de playa, se inclinó por el viento del norte y se apartó del oso.

—¡Ali, pronto vas a cubrir todo! —le gritó.

Entonces, a Ali se le ocurrió la más refrescante de todas las ideas.

Empezó a dibujar pequeños
copos de nieve en la pared y
en la banqueta, pequeños
copos alrededor de los pies
de grandes y chicos...

. . . pequeños copos en el lago
y en la sombrilla de playa.
Dibujó huellas de oso polar
y también carámbanos.
Dibujó, dibujó y dibujó.

—¡Ah, ah! —suspiraba
la señora Frye.
—¡Refrescante! —decía
Iván Baker.

—¡Trrr! —castañeteaba el señor Boyle.
—¡Jiii! —chillaban los bebés.
—¡Oh! —decía la multitud arremolinada,
¡extasiada por sentirse fresca hasta
los huesos!

Por supuesto que nadie se dio cuenta de la suave brisa que agitaba la bruma y volteaba las hojas. Nadie notó que el cielo se había oscurecido y que caían las primeras gotas gordas de una lluvia fría.

Nadie, hasta que las gotas golpearon en los pórticos, tamborilearon en el buzón de la esquina y sisearon sobre la acera ardiente.

Entonces comenzó a llover a cántaros. La señora Frye se puso a bailar con el señor Boyle, los chiquillos abrieron la boca para atrapar las gotas de lluvia, e Iván Baker saltó en los primeros charcos que se formaron.

Solamente Ali observó que los dibujos de la acera se
borraban. Los colores se mezclaban con el agua y se escurrían
rápidamente hacia el desagüe.

La tormenta de nieve, el oso polar, el viento del norte, la
sombrilla de playa y el laguito, todos se disolvieron en el agua.

—¡Ay, no!, ¡no, no! —se lamentó Ali.

Pero la gente se dio cuenta de que los
dibujos de Ali habían derrotado al calor.

Todos la aplaudieron, la vitorearon
y la llevaron en hombros.

—¡Ali, Ali! —coreaban.

A Ali le encantaba dibujar y se la pasaba dibujando todo el tiempo. Sólo que a veces no podía dibujar afuera porque estaba todo mojado.

Reflexionar y responder

1 ¿De qué manera sirvió la imaginación de Ali para que sus vecinos vencieran la bruma y el calor?

2 ¿Cómo habría sido diferente el cuento si hubiera ocurrido en invierno en vez de verano?

3 ¿Qué crees que Ali haría si lloviera por mucho tiempo?

4 ¿Qué dibujarías en un día caluroso para refrescar a tus vecinos? ¿Por qué?

5 ¿Cómo te ayudó el crear imágenes mentales para comprender lo que leíste?

Conoce a la autora e ilustradora
Nancy Poydar

Cuando Nancy Poydar no ilustra sus propios cuentos, dibuja para otros autores reconocidos de libros infantiles. Una de las obras más recientes que ha ilustrado es *The Adventures of Sugar and Junior*, escrito por Angela Shelf Medearis.

Antes de convertirse en ilustradora de cuentos infantiles, Nancy Poydar trabajaba como profesora. Vive en Massachusetts con su esposo, su gato Sunny y su perro Coco.

Nancy Poydar

**Visita *The Learning Site*
www.harcourtschool.com**

¡Aclimátate!

por Lynn O'Donnell

Los animales sienten calor

Cuando hace mucho calor, ¡estos animales saben cómo refrescarse! Al igual que los seres humanos, los animales necesitan mantener estable su temperatura corporal. Si se calientan en exceso, su cuerpo puede paralizarse.

A continuación se señalan tres opciones con las que estos animales se mantienen frescos en el verano. Sólo una es la correcta. ¿Puedes adivinar la opción correcta para cada animal? Las respuestas están al final de la página 117.

1. Los conejos

A. se bañan con agua fría.

B. comen mucha lechuga.

C. aprovechan el aire para enfriar la sangre de sus orejas.

2. Las abejas

A. beben té helado.

B. producen menos miel.

C. recogen agua y la vierten sobre sus panales.

3. Los perros

A. ladran mucho.

B. se quitan sus abrigos.

C. jadean.

4. Los castores

A. se acurrucan en madrigueras subterráneas.

B. se paran en la sombra que hacen animales más grandes.

C. usan sombreros de hierba.

5. Las aves

A. abren su pico y hacen vibrar su garganta.

B. sacuden sus alas con fuerza.

C. vuelan sobre las nubes.

6. Los correcaminos

A. van al gimnasio.

B. se quedan quietos.

C. se trepan a los cactos.

7. Las ardillas de tierra

A. duermen durante el día.

B. se hacen sombra con la cola.

C. se abanican con grandes hojas de roble.

Reflexionar y responder

¿En qué se parecen los seres humanos y los animales en la forma de mantenerse frescos?

8. Los cerdos

A. comen helado.

B. se revuelcan en el lodo.

C. pierden peso.

Respuestas

1. C

2. C. El agua evita que la cera de las abejas se derrita.

3. C. Al jadear, el aire fluye por la lengua y el hocico del perro, con lo cual disminuye la humedad y refresca su cuerpo.

4. A. ¡Hace más frío bajo tierra!

5. A

6. C. Los correcaminos se trepan a los cactos cuando la arena está demasiado caliente para caminar.

7. B

8. B. Al revolcarse en el lodo, la piel del cerdo se humedece.

Hacer conexiones

Compara textos

1   ¿Por qué "La frescura de Ali" es parte del tema ¡Imagínate!?

2   Compara a Ali con Emily de "Querido Sr. Arándano". ¿En qué se parecen y en qué son diferentes estas niñas?

3   ¿Cuál es la diferencia entre "¡Aclimátate!" y la historia "La frescura de Ali"? ¿Qué motivos tuvieron las autoras para escribir cada una de estas selecciones?

Escribe un párrafo

Ali es especial. Dibuja cuadros que hacen que la gente se sienta fresca. Tú también eres especial. Nadie puede hacer las cosas en la forma en que tú las haces. Escribe un párrafo que diga de cuántas formas tú eres especial. Utiliza una red para planear tu párrafo.

CONEXIÓN con la Escritura

¿Por qué soy especial?

Hago reír a mi hermanita

¿Cuál es la temperatura?

Ali y sus vecinos sentían el calor del aire. Pudieron haber usado un termómetro para saber cuánto calor hacía. Toma la temperatura afuera cada día durante una semana. Escribe las temperaturas y compáralas con las que aparecen en el periódico o en las noticias de televisión.

Lunes	Martes	Miércoles	Jueves	Viernes	Sábado	Domingo

Grandes ciudades y pueblos pequeños

Ali vive en la ciudad. ¿En qué se diferencian las grandes ciudades de los pueblos pequeños? Investiga sobre las grandes ciudades de tu estado. Después investiga acerca de los pueblos pequeños. Haz una tabla que muestre las diferencias.

Grandes ciudades	Pueblos pequeños
• tienen muchas escuelas primarias	• tienen una escuela primaria

Antónimos

Los antónimos son palabras que significan lo contrario. Mira la tabla que aparece abajo. Muestra algunas palabras de "La frescura de Ali" y sus antónimos.

Palabras de "La frescura de Ali"	Antónimos
gordas	delgadas
ardiente	frío
pequeños	grandes
norte	sur

Ahora fíjate en estas palabras. Da un antónimo para cada una.

mojado	bueno
verano	pesado
alto	suave
primero	largo

Preparación para las pruebas
Antónimos

Lee esta historia y completa las oraciones.

El cuarto de Alexa

Alexa escuchó los pasos de su mamá en la escalera. Su mamá había regresado del trabajo a casa. Alexa se dio cuenta que tenía problemas. Debería haber recogido su cuarto, pero se le **olvidó**. Había pasado toda la tarde dibujando. Su mamá se iba a **enojar**.

---

1. **Un antónimo de olvidó es____.**
   - ○ perdió
   - ○ trabajó
   - ○ pensó
   - ○ recordó

2. **Un antónimo de enojar es____.**
   - ○ disgustar
   - ○ contentar
   - ○ molestar
   - ○ temer

Sugerencia

Recuerda que cuando estás buscando antónimos debes encontrar palabras que signifiquen lo contrario.

Sugerencia

Cuando busques un antónimo, tacha las opciones que signifiquen lo mismo que la pregunta.

El poder de las palabras

aletas

desdichado

empollar

graznido

horizonte

resbalosa

El Tiempo

domingo, 11 de agosto del 2002   50 centavos

La familia de los pingüinos aumenta

Ayer nació un pequeño pingüino en el zoológico de Fillmore. El cuidador del zoológico, Juan Gómez, dijo: —sabía que estaba listo

para **empollar** cuando vi una rajadura en el huevo. Los otros pingüinos se acercaron a observar. El polluelo salió del

cascarón con un pequeño **graznido**, justo cuando el sol se estaba poniendo en el **horizonte**.

Mucha gente vino a ver al bebé pingüino. —Sobre todo quería verlo dar sus primeros pasos en la nieve **resbalosa** —dijo Lola Lewis, una visitante al zoológico.

Se formó una cola de dos horas. Kenny, un niño de siete años, se sentiría muy **desdichado** si no lograra ver al pingüino. ¡Pero cuando vio al precioso pingüino con su pico negro y sus largas **aletas**, supo que la espera no había sido en vano!

CONEXIÓN
Vocabulario-Escritura

Imagínate que estás tratando de caminar sobre una superficie **resbalosa** (hielo, agua o lodo). Describe una caída graciosa

Género

No ficción: Libro informativo

Un libro informativo da información sobre un tema.

Busca

- **información que te ayude a aprender más acerca de nuestro mundo.**

- **anotaciones que expliquen las ilustraciones.**

La paciencia del emperador

por Martin Jenkins

ilustrado por Jane Chapman

Hacia el sur, justo donde termina el mundo, hay un continente enorme que está casi completamente cubierto de nieve y hielo. Su nombre es Antártida y es el lugar más frío y con más viento de toda la Tierra.

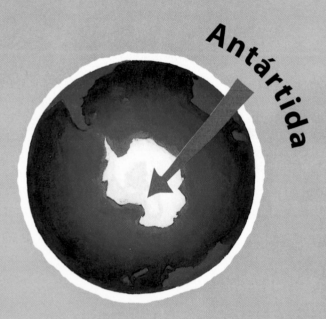

Antártida

Aunque ahí el clima es bastante malo en verano, se vuelve realmente insoportable en invierno.

Es difícil imaginar que algo pueda vivir en ese lugar.

Pero, esperen…
¿Qué es eso que va ahí?
No es posible.

¡Sí lo es!

¡Es un pingüino!

Pero no es un pingüino cualquiera. Es un pingüino emperador macho (el más grande del mundo) y realiza una labor muy importante.

Va a empollar su huevo. Él no lo puso, por supuesto.

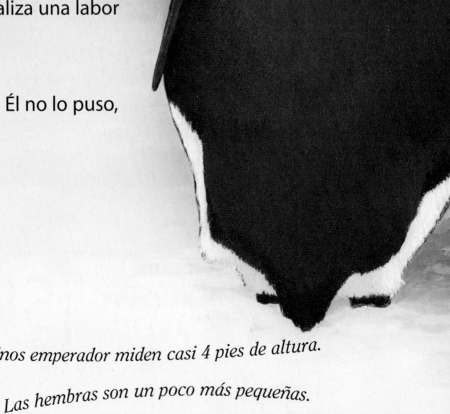

Los machos de los pingüinos emperador miden casi 4 pies de altura.

Las hembras son un poco más pequeñas.

Su pareja lo puso
hace algunas semanas.

Pero después de poner
el huevo, la hembra
dio media vuelta y
regresó al mar.

Es ahí donde las hembras de los pingüinos
emperador pasan la mayor parte del invierno:
¡nadando en el mar, engordándose lo más posible,
comiendo todo lo que pueden y divirtiéndose
de lo lindo (al menos eso es lo que parece)!

Los pingüinos emperador se alimentan principalmente con pescado, pulpo y una especie de camarones, llamados krill.

Mientras tanto, el macho se queda clavado en el hielo, cuidando el huevo.

A partir de ahora, lo más importante será mantener el huevo caliente todo el tiempo.

Eso significa que tiene que mantenerlo alejado del hielo y del viento.

¿Qué mejor manera de protegerlo que colocarlo en tus patas y acurrucarlo debajo de tu estómago?

Eso es justamente lo que papá pingüino hace.

Dentro del huevo, el polluelo empieza a crecer. Si el huevo llegara a enfriarse, el polluelo moriría.

Así permanece durante dos largos meses, hasta que el polluelo está listo para salir del cascarón.

¿Te imaginas? Permanecer sin moverte en el frío congelante con un huevo en las patas por **dos largos** meses?

Las hembras ponen sus huevos en mayo o junio,

el inicio del invierno en la Antártida.

Además, papá pingüino no tiene nada que comer en ese lugar.

Como tiene que estar cuidando el huevo, no puede ir al mar a buscar comida.

Eso significa que permanece durante dos meses con un huevo en las patas, **¡y sin cenar!**

O desayunar

o almorzar

o tomar bocadillos.

¿Tú lo soportarías?

Cualquiera se sentiría **muy, muy** desdichado así.

Por fortuna, esto no parece molestar a los pingüinos. Sus plumas son gruesas y la grasa que tienen debajo de la piel mantiene sus cuerpos calientes.

Cuando el viento sopla con fuerza y hace más frío que nunca, los pingüinos se deslizan poco a poco en la nieve para acercarse unos a otros y mantenerse calientes.

La mayor parte del tiempo, el grupo de pingüinos se mueve lentamente.

Pero **a veces,**
cuando los pingüinos llegan a una pendiente muy resbalosa ...

se caen y se deslizan sobre su
estómago; empujándose con
sus aletas, siempre protegiendo
el huevo, y tratando de no golpearse
unos a otros.

Aunque los machos protegen el huevo bajo su estómago tanto como pueden cuando se deslizan, algunas veces el huevo rueda y se rompe.

Y así es como papá pingüino pasa el invierno.

Hasta que un día oye un pío, pío, pío.

Entonces el huevo se empieza a romper.
A veces tarda uno o dos días,
pero finalmente se abre

y sale el polluelo.

Ahora, papá pingüino
tiene dos nuevas tareas.
Mantener caliente al polluelo

y alimentarlo.

El polluelo apenas mide unas 6 pulgadas. Es demasiado pequeño para mantenerse caliente sin ayuda.

Pero, ¿cómo lo alimentará? Es demasiado pequeño para llevarlo al mar en busca de alimento y tampoco puede dejarlo solo en la nieve.

Bueno, en la garganta de papá pingüino hay una especie de saco donde produce un líquido parecido a la leche. Ese será el alimento del polluelo por un tiempo.

Papá pingüino sólo puede producir leche
suficiente para alimentar al polluelo por
un par de semanas. Cuando está a
punto de abandonar su tarea,
aparece un punto en el horizonte.

Está cada vez
más cerca.
¡Sí, eso es!

¡Es mamá pingüino!

Mamá dice **"hola"** con un graznido parecido al sonido de una corneta, papá pingüino responde **"hola"** de la misma manera y el polluelo silba.

El reencuentro dura varias horas, pues parece que los tres están muy felices de verse.

Cada pingüino adulto emite un sonido diferente, como las huellas digitales de los humanos. Los polluelos también tienen su manera distinta de silbar.

Cuando parece que las cosas regresan a la normalidad, mamá pingüino se dispone a vomitar ¡dentro del pico de su polluelo!

¡Ag!

Podrías decir.

¡Mmmm!,

piensa el polluelo.

y se traga el alimento que mamá le ha dado.

Ahora le toca a mamá pingüino cuidar al polluelo, mientras papá pingüino regresa al mar a disfrutar de un bien merecido banquete.

¡Ya era hora!

Reflexionar y responder

1. ¿Cómo cuidan los papás pingüino emperador a los huevos antes de que **empollen**?

2. ¿Qué clase de información da el autor en las leyendas?

3. ¿Cómo se parecen los padres pingüino a los padres humanos?

4. ¿Qué aprendiste acerca de los pingüinos emperador que antes no sabías?

5. ¿Qué estrategias usaste pare leer este cuento?

Martin Jenkins

Martin Jenkins es un científico que estudia plantas y animales. Él admira cómo cuidan los papás pingüino a los huevos porque a él no le gusta el clima frío.

Jane Chapman

Jane Chapman siempre dibuja en su cocina donde puede ver su jardín. Ella quiso dibujar pingüinos desde que vio un pingüino en el zoológico.

Visita *The Learning Site*
www.harcourtschool.com

Hacer conexiones

Compara textos

1   ¿Por qué crees que esta selección es parte del tema ¡Imagínate!?

2   Piensa en el problema que tuvieron Ali y sus amigos en "La frescura de Ali". Explica por qué podrían disfrutar una visita al lugar donde viven los pingüinos emperador.

3   ¿Cuál es la diferencia entre "La paciencia del emperador" y las otras historias de este tema?

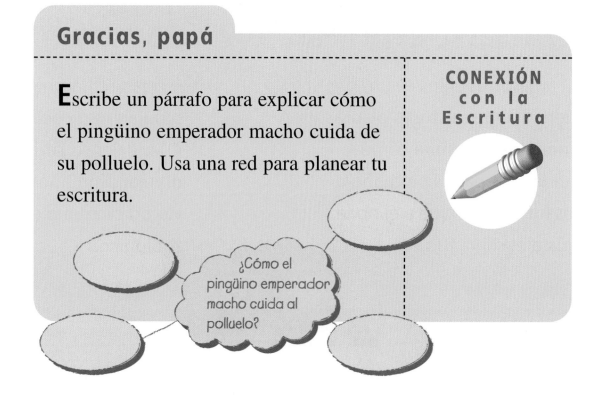

Gracias, papá

Escribe un párrafo para explicar cómo el pingüino emperador macho cuida de su polluelo. Usa una red para planear tu escritura.

CONEXIÓN con la Escritura

¿Cómo el pingüino emperador macho cuida al polluelo?

Hacia el sur

En un mapamundi localiza dónde vives. Luego busca la Antártida. Nombra todas las partes de tierra y agua por las que volarías si viajaras en avión desde donde vives hasta la Antártida.

CONEXIÓN con los Estudios sociales

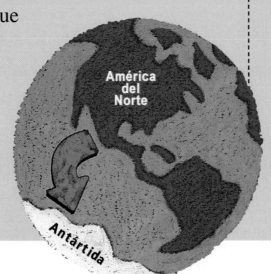

Tiempo del pingüino

El pingüino emperador macho cuida del huevo durante dos meses antes de que se rompa su cáscara. Usa tus conocimientos sobre el tiempo para decir:

- el número de semanas que hay en dos meses.
- el número de días que hay en dos meses.

Comparte tus respuestas con tus compañeros.

CONEXIÓN con las Matemáticas

Sílabas *bla, ble, bli, blo, blu* y *bra, bre, bri, bro, bru*

Destreza
de
fonética

Lee estas oraciones del cuento "La pacienca del emperador".

...¡nadando en el mar, engordándose lo más <u>posible</u>!

Las <u>hembras</u> son un poco más pequeñas.

Di en voz alta las palabras subrayadas *posible* y *hembras*. Escucha cómo las sílabas *ble* y *bras*, se pronuncian en una sola sílaba.

Aquí hay otras palabras más largas. Usa lo que sabes sobre como dividir las palabras para ayudarte a leer estas palabras.

insoportable	libre	habladora
abrigo	blanqueador	obra

Usa estas sugerencias para leer una palabra larga.
- Divide la palabra en partes que conozcas.
- Di cada parte. Luego junta las partes y di la palabra.

Preparación para las pruebas

Sílabas bla, ble, bli, blo, blu y bra, bre, bri, bro, bru

Escoge la palabra que tenga la combinación de consonantes subrayada en la primera palabra.

Ejemplo: **ama<u>bl</u>e**

- ○ amar
- ● estable
- ○ remar

Sugerencia

Escucha cómo se pronuncia cada combinación de consonantes en cada palabra.

1. **a<u>br</u>igado**

- ○ apurar
- ○ regar
- ○ abrazar

2. **amiga<u>bl</u>e**

- ○ bloque
- ○ amigo
- ○ vecino

3. **a<u>br</u>ir**

- ○ apagar
- ○ partir
- ○ broncear

Sugerencia

Lee cada opción en voz alta. ¿Cuál suena mejor?

Vivimos juntos

Contenido

El poder de las palabras

acorralada

broche

detectives

extrañada

objetos

prendedor

silbato

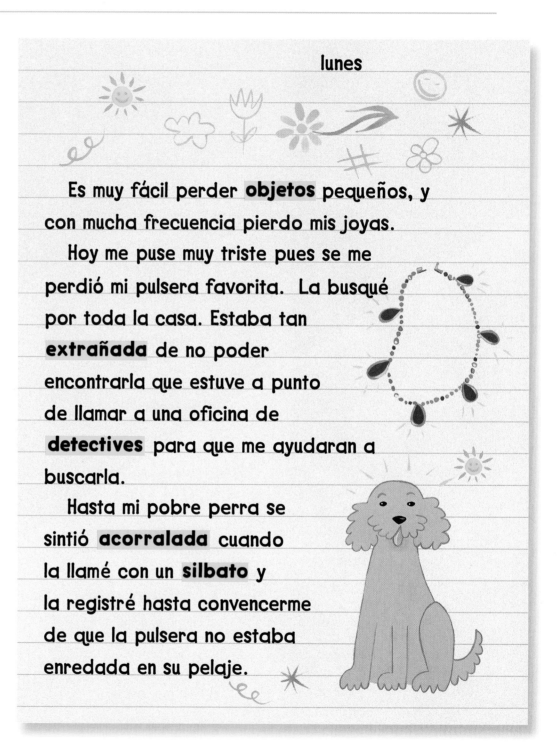

lunes

Es muy fácil perder **objetos** pequeños, y con mucha frecuencia pierdo mis joyas.

Hoy me puse muy triste pues se me perdió mi pulsera favorita. La busqué por toda la casa. Estaba tan **extrañada** de no poder encontrarla que estuve a punto de llamar a una oficina de **detectives** para que me ayudaran a buscarla.

Hasta mi pobre perra se sintió **acorralada** cuando la llamé con un **silbato** y la registré hasta convencerme de que la pulsera no estaba enredada en su pelaje.

152

Por fin vi algo brillante al lado de mi cama. ¡Era mi pulsera! El **broche** se había roto y se me había caído mientras dormía. También encontré un **prendedor** que me había prestado mi mamá.

Mamá siempre se quita sus joyas antes de acostarse. Creo que de ahora en adelante haré lo mismo.

CONEXIÓN
Vocabulario-Escritura

Escribe acerca de un **objeto** que hayas perdido. Cuenta lo que hiciste para encontrarlo.

Ilustradora premiada

Género

Obra de teatro

Una obra de teatro es un cuento que se puede representar para un público.

Busca

- **palabras que describan las acciones y los sentimientos de los personajes.**

- **una trama dividida en escenas.**

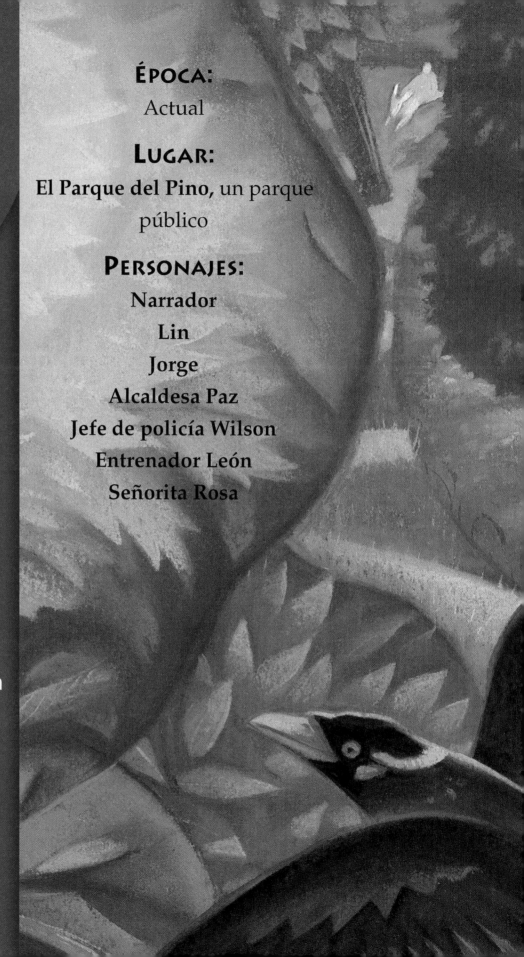

ÉPOCA:
Actual

LUGAR:
El Parque del Pino, un parque público

PERSONAJES:
Narrador
Lin
Jorge
Alcaldesa Paz
Jefe de policía Wilson
Entrenador León
Señorita Rosa

154

El misterio del Parque del Pino

por Tracey West

ilustrado por Mary GrandPré

PRIMERA ESCENA

Narrador: Es una tarde agradable en el Parque del Pino: el sol brilla y los pájaros cantan. Es, sin duda, un día normal... ¿o no?

(*El entrenador León corre hacia donde está la alcaldesa Paz, haciendo sonar su silbato.*)

Alcaldesa Paz: Hola, entrenador León. Es un buen día para dar un paseo por el parque, ¿no cree?

Entrenador León: (*trota en su lugar*) Ya lo creo, alcaldesa. Bueno, ¡debo alcanzar al equipo!

(*Corriendo, el entrenador se aleja.*)

Alcaldesa Paz: ¡El entrenador León siempre lleva prisa! (*Se sienta en una banca, se quita la chaqueta y luego la observa extrañada.*)

Alcaldesa Paz: ¡Qué curioso! Pensé que traía mi prendedor de plata. ¿Dónde podrá estar?

Narrador: En otra parte del parque, Lin y Jorge juegan a la pelota.

Lin: Estoy aburrida. Nunca sucede nada interesante por aquí.

(*Jorge le arroja la pelota a* **Lin**.)

Jorge: Siempre estás aburrida. ¿Es qué no te parece divertido jugar a la pelota?

(**Lin** *atrapa la pelota y la suelta de repente. Extrañada, se mira de cerca su muñeca.*)

Lin: ¡Qué curioso! Se me perdió la pulsera. El broche estaba flojo. . . .

Jorge: Tal vez se cayó por aquí. Hay que buscarla.

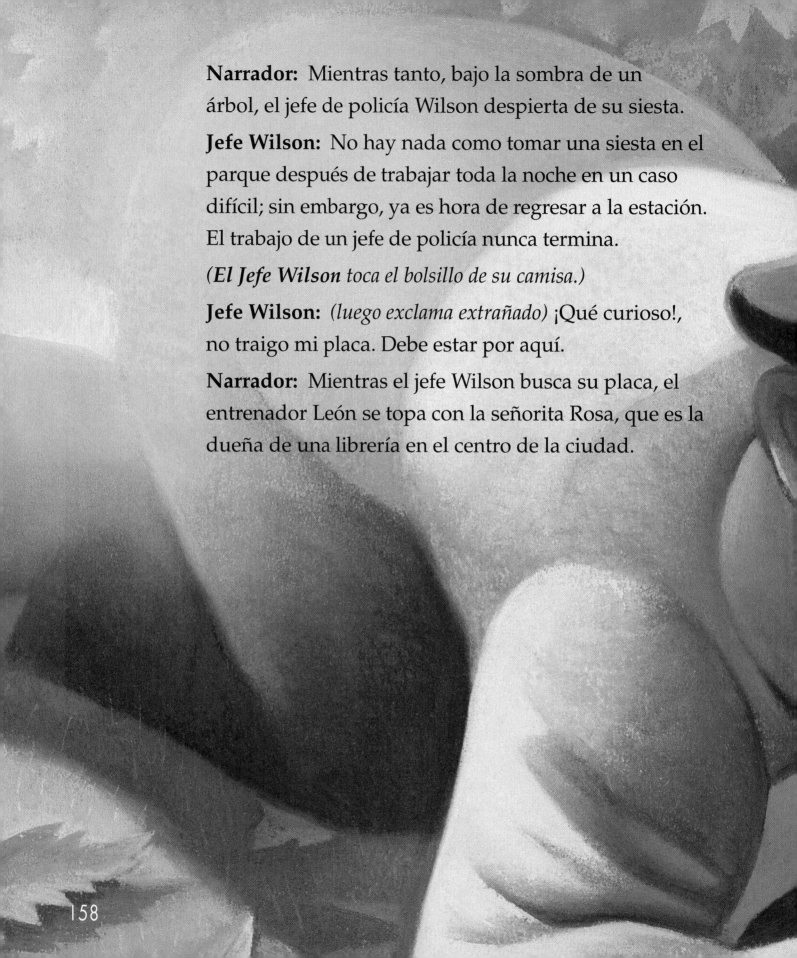

Narrador: Mientras tanto, bajo la sombra de un árbol, el jefe de policía Wilson despierta de su siesta.

Jefe Wilson: No hay nada como tomar una siesta en el parque después de trabajar toda la noche en un caso difícil; sin embargo, ya es hora de regresar a la estación. El trabajo de un jefe de policía nunca termina.

(*El Jefe Wilson* *toca el bolsillo de su camisa.*)

Jefe Wilson: (*luego exclama extrañado*) ¡Qué curioso!, no traigo mi placa. Debe estar por aquí.

Narrador: Mientras el jefe Wilson busca su placa, el entrenador León se topa con la señorita Rosa, que es la dueña de una librería en el centro de la ciudad.

Señorita Rosa: Hola, entrenador. ¿Adónde va tan aprisa?

Entrenador León: Ando buscando mi silbato. Hace unos minutos lo tenía en la mano, pero no lo encuentro por ningún lado.

Señorita Rosa: Qué curioso, yo también estoy buscando algo.

Narrador: ¿Estará pasando algo misterioso en el Parque del Pino? Lin y Jorge están a punto de descubrirlo.

Objetos pe
Placa de
1 prend
de pla
1 silbat

SEGUNDA ESCENA

Narrador: Lin y Jorge ven que el jefe Wilson pega un anuncio en un árbol.

Jorge: *(lee)* Objetos perdidos: una placa de policía, un prendedor de plata y un silbato.

Lin: Puede añadir a la lista una pulsera, jefe.

Jefe Wilson: *(se rasca la cabeza)* Esto es de lo más extraño. No logro explicareme por qué desaparecieron todos esos objetos. Es un verdadero misterio.

Lin: ¡Un misterio! *Eso* sí que suena emocionante.

Tercera escena

Narrador: Lin y Jorge intentarán resolver el caso de los objetos desaparecidos.

Lin: Debemos pensar como verdaderos detectives, Jorge. Empecemos por hacer una lista de lo que sabemos del caso.

Jorge : Bueno, todos se dieron cuenta de que les faltaban sus objetos mientras estaban en el parque.

Lin: Muy bien. ¿Qué más sabemos?

Jorge: Todos los objetos eran pequeños... y además brillantes.

Lin: ¡Tengo una idea! Pongamos otro objeto pequeño y brillante en el parque, luego nos escondemos y vemos qué pasa con él.

Jorge: ¿Qué tal la llave de mi bicicleta?

(*Jorge* saca la llave de su bolsillo y la coloca en una roca cercana. *Jorge* y *Lin* se esconden detrás de un árbol. Un grupo de niños con ropa deportiva corre por todo el escenario, impidiendo que el público vea la llave sobre la roca.)

Narrador: Allí va el entrenador León. Pero, ¿qué es esto? ¡La llave desapareció!

CUARTA ESCENA

(*Lin lleva al **jefe Wilson**, a la **alcaldesa Paz**, al **entrenador León**, y a la **señorita Rosa** hasta un árbol en el parque, donde **Jorge** los está esperando.*)

Lin: (*a **Jorge***) ¿Tienes acorralada a la ladrona?

Jorge: (*sonríe*) Está arriba, en ese árbol.

Entrenador León: (*trota en su lugar*) ¿Ladrona? ¡Yo no veo a ninguna persona en ese árbol!

164

Jefe Wilson: *(escudriña el árbol)*
La ladrona no es ninguna *persona*, entrenador,
¡es un ave!

Señorita Rosa: *(sin aliento)* ¡Es Dina!, mi nueva
mascota, un mainato. Se escapó de la librería hoy
en la mañana. ¡La he buscado todo el día! *(voltea
hacia donde están **Lin** y **Jorge**)* ¿Cómo saben que
Dina es la ladrona?

165

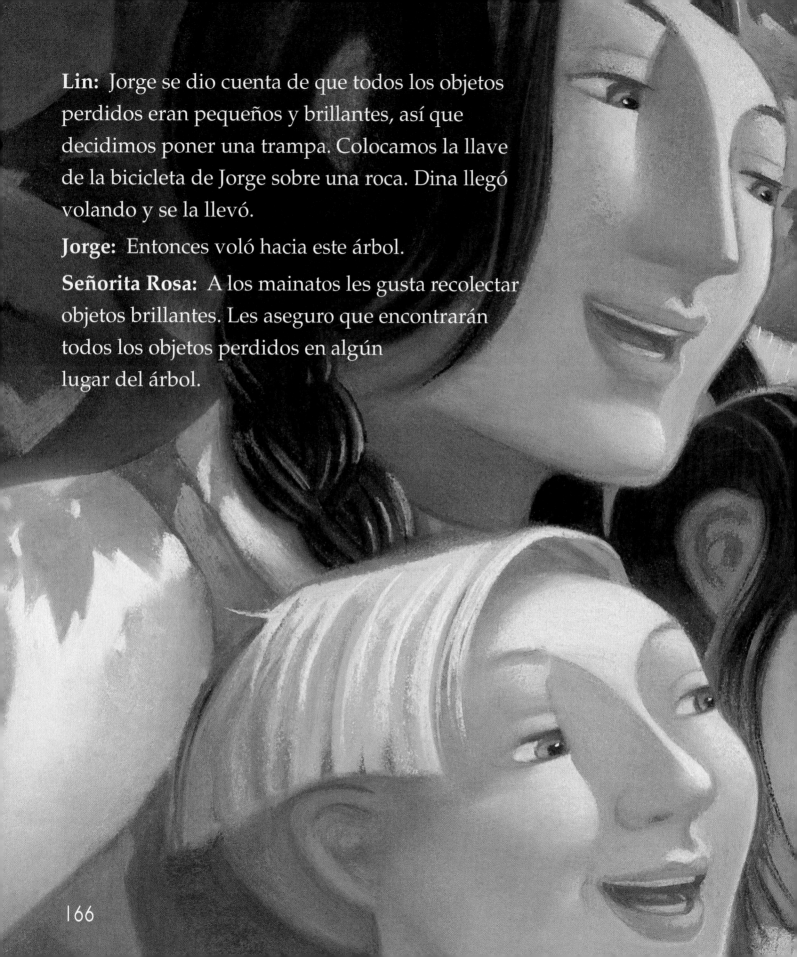

Lin: Jorge se dio cuenta de que todos los objetos perdidos eran pequeños y brillantes, así que decidimos poner una trampa. Colocamos la llave de la bicicleta de Jorge sobre una roca. Dina llegó volando y se la llevó.

Jorge: Entonces voló hacia este árbol.

Señorita Rosa: A los mainatos les gusta recolectar objetos brillantes. Les aseguro que encontrarán todos los objetos perdidos en algún lugar del árbol.

Narrador: El jefe Wilson llama al departamento de bomberos del Parque del Pino. Los bomberos usan una escalera para alcanzar los objetos y bajarlos.

Jefe Wilson: Aquí están: una placa, un prendedor de plata, un silbato, una pulsera y una llave de bicicleta.

Señorita Rosa: *(Sostiene una jaula con Dina adentro)* Lamento mucho que Dina haya causado tantos problemas, alcaldesa Paz. De ahora en adelante trataré de cuidarla mejor.

Alcaldesa Paz: *(ríe)* ¡De veras que ocasionó todo un alboroto! Nunca habíamos tenido un día tan emocionante en el Parque del Pino.

Lin: ¡No puedo esperar hasta mañana para regresar al parque!

Jorge: ¿Para jugar a la pelota?

Lin: ¡No! ¡Quiero ver si hay otro misterio que podamos resolver!

REFLEXIONAR Y RESPONDER

1 ¿Cuál es el misterio del Parque del Pino?

2 ¿Cómo crea la autora una atmósfera de misterio?

3 ¿Qué pistas te dieron la autora y la ilustradora para resolver el misterio?

4 ¿Qué parte del cuento te gustó más?

5 ¿Qué estrategias te ayudaron a leer este drama?

Visita *The Learning Site*
www.harcourtschool.com

Tracey West *Mary GrandPré*

CONOCE A LA AUTORA

A Tracey West le gustaba tanto leer cuando niña que decidió escribir sus propios libros. Tracey vive en la ciudad de Nueva York con su esposo, su perrita Tisha y una gatita llamada Elvira.

CONOCE A LA ILUSTRADORA

Mary GrandPré ha ilustrado cinco libros infantiles además de crear imágenes de apoyo para una película de dibujos animados. Mary vive en St. Paul, Minnesota.

¡Un nid♻ reciclado!

Si guardas papeles, pedazos de tela, trozos de cuerda o clips, quizá tus amigos piensen que eres un "tilichero". Pero si fueras un ave, ¡los usarías para construir el mejor nido del vecindario!

Puedes reunir varios objetos y dejarlos al alcance de las aves para que tomen lo que necesiten. Cuelga de la rama de un árbol una caja pequeña de plástico con agujeros, como las que usan para empacar las fresas. Coloca objetos dentro de la caja para construir un nido, sin llenarla demasiado. Observa cómo las aves se posan en la rama y toman de la caja sus pequeños tesoros.

Observa cómo los objetos que reuniste les sirven a las aves para construir un nuevo y cálido hogar.

Los cordones de zapatos viejos también sirven para construir sus cómodos y calientes nidos.

Pedazos de algodón sirven para que el nido sea más suave y caliente.

A los pájaros les gusta la lana. Sólo asegúrate de que los pedazos tengan menos de seis pulgadas de largo, de lo contrario las aves se podrían enredar y lastimar.

Los pedazos de tela también son de gran ayuda. Coloca telas de fibras naturales.

Reflexionar y responder

¿Qué puedes hacer en tu comunidad para cuidar la naturaleza?

Hacer conexiones

Compara textos

1. ¿Por qué crees que "El misterio del Parque del Pino" está dentro del tema llamado Vivimos juntos?

2. Piensa en dos personajes de "El misterio del Parque del Pino" que tengan trabajos comunitarios. Di en qué forma sus trabajos se parecen y en qué son diferentes.

3. En "¡Un nido reciclado!" leíste acerca de las cosas que los pájaros recolectan para construir sus nidos. ¿En qué son diferentes de los objetos que Dina recogió?

Escribe una escena

Jaime: Hola, Dave. ¿Quieres ir al parque?

David: Claro, ¿qué puedo traer?

Jaime: Trae una pelota de béisbol y unos guantes.

David: Está bien. Nos vemos ahora mismo en la esquina.

Piensa en alguna ocasión en que hayas hablado con un amigo. Escribe lo que dijo cada uno de ustedes como si fuera la escena de una obra. Lee la escena con un compañero de clase, con emoción.

CONEXIÓN con la Escritura

Observa pájaros

Para saber más acerca de los pájaros en tu comunidad, cuelga un comedero de pájaros cerca de tu casa o salón de clases. Dibuja y escribe sobre las diferentes clases de pájaros que vienen a comer al comedero.

CONEXIÓN con las Ciencias

Conoce al alcalde

Hay un alcalde en tu ciudad o pueblo. Averigua el nombre del alcalde y escríbelo. Después haz una lista de los trabajos que hace el alcalde para ayudar a tu comunidad.

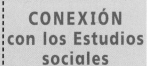

CONEXIÓN con los Estudios sociales

Hacer conexiones

173

Elementos narrativos

Cada historia tiene un escenario, personajes y trama. La **trama** es lo que sucede al principio, en medio y al final de la historia. El principio nos habla acerca de un problema. En el medio nos dicen cómo los personajes lo enfrentan. El final nos dice cómo lo solucionan.

Un mapa de la historia nos muestra su trama. Fíjate en este mapa de la historia "El misterio del Parque del Pino". ¿Qué escribirías en el último cuadro?

Escenario	**Personajes**
Una tarde en el parque del pueblo.	Narrador, Lin, Jorge, alcaldesa Paz, jefe de policía Wilson, entrenador León, Srta. Rosa.

Problema
Las personas están perdiendo objetos brillantes en el parque.

Sucesos
Jorge y Lin tratan de descubrir quién ha estado apoderándose de los objetos brillantes.

Cómo se solucionó el problema

Visita *The Learning Site*
www.harcourtschool.com

Ve Destrezas y Actividades

Preparación para las pruebas

Elementos narrativos

Lee la historia y después contesta las preguntas.

Un día en el parque

El parque del pueblo era un desastre. Jason quería limpiarlo, pero no podía hacerlo solo. Les pidió a sus amigos y vecinos que se reunieran el sábado en el parque. Todos trabajaron juntos recogiendo basura, pintando las bancas y podando los arbustos. Ahora todos pueden disfrutar del parque.

1. **En la trama de esta historia, ¿cuál es el problema?**
   - ○ El parque está cerrado.
   - ○ El parque es un desastre.
   - ○ La gente limpia el parque.
   - ○ Jason necesita un amigo.

   Sugerencia

   Vuelve a leer el comienzo del cuento para ayudarte a encontrar la respuesta.

2. **¿Cómo se solucionó el problema?**
   - ○ Jason encontró gente que le ayudó a limpiar el parque.
   - ○ La gente dejó de usar el parque los sábados.
   - ○ El alcalde limpió el parque.
   - ○ Jason limpió el parque él solo.

   Sugerencia

   Lee con cuidado cada opción antes de elegir la respuesta correcta.

El poder de las palabras

crecido

direcciones

empleado

honor

ruta

salen

El servicio de correos ha **crecido** tanto en mi ciudad, que la oficina de correos tuvo que mudarse a un edificio más grande. Ahora hay cuatro ventanillas para comprar estampillas y más espacio para todo.

En la oficina de correos las cartas se organizan por **direcciones**. Hay un **empleado** para organizar las cartas y otro para los paquetes, así los carteros no pierden tiempo al hacer las entregas.

Todas las cartas y paquetes deben llevar estampillas. Las estampillas a veces muestran retratos de gente famosa. Es un gran **honor** que tu cara aparezca en una estampilla.

Cada cartero cumple una **ruta** fija cada día y no puede regresar a la oficina hasta que haya hecho todas sus entregas.

Temprano en la mañana los carteros **salen** a cubrir su ruta, y aunque llueva o haga mucho frío cumplen con su deber. ¡Ser cartero es una gran responsabilidad!

CONEXIÓN
Vocabulario-Escritura

Nombra a una persona que creas que debería aparecer en una estampilla. Explica por qué crees que merece ese **honor**.

177

Autor
premiado

Género

Ficción realista

Una ficción realista es un cuento de algo que puede ocurrir en la vida real.

Busca

- **sucesos del cuento que puedan ocurrir en la vida real.**
- **a personajes que actúen como actuarían en la vida real.**

VÍA AÉREA

PARIS BX ARTS
18 H
93
1995
R DES ST PERES (17e)

Adiós,

por **Kevin Henkes**

Ilustrado por **Marisabina Russo**

Curtis ha trabajado como cartero

por cuarenta y dos años.

Hoy es su último día.

Todos quieren a Curtis:

la anciana de la colina,

el bebé del 4-C,

el empleado de la carnicería,

y el guardia que nos ayuda a

cruzar la calle en la esquina de la

Primera y la calle del Parque.

Los especiales del día

	Lb
Bistecs	3.98
Chuletas de cerdo	3.99
Lomo de cerdo	4.99
Muslos de pollo	.79
Pechuga de pavo	5.99

Todos los buzones de su ruta están llenos

de sorpresas. De la señora Martin,

un pastelillo de chocolate con chispas.

De Debbie, Dennis, y Donny hay un

bonito dibujo.

De los Johnson, una botella

de loción para después de afeitarse

y una cajita de

nueces de parte de su perro.

Hay tarjetas

y dulces y galletas.

Hay abrazos y saludos y hasta besos.

Hay un libro pequeño y grueso del señor Porter

y un sacapuntas en forma de buzón,

regalo de Max.

Bistecs 3.98
Chuletas de cerdo 3.99
Lomo de cerdo 4.99
Muslos de pollo .79
Pechuga de pavo 5.99

—Te echaremos de menos, Curtis,

—dijeron la anciana de la colina

y el bebé del 4-C

y el empleado de la carnicería

y el guardia que nos ayuda a cruzar la calle

en la esquina de la Primera y la calle del Parque.

Los niños que Curtis conoció

cuando empezó a recorrer su

ruta han crecido

y ya son adultos. Unos ya tienen hijos.

Otros tienen nietos.

Algunos de los niños han tenido

perros. Algunos de los perros han tenido

cachorros. Los gatos han tenido gatitos.

Los árboles han crecido y ahora son altos.

Algunas casas se han derrumbado y se han

construido casas nuevas. Hay vecinos

que se han ido y otros que

se han mudado aquí.

Pero todos quieren a Curtis.

Todos dijeron: —Te extrañaremos.

Hasta los perros y gatos se lo dijeron.

Cuando Curtis llega al último buzón,
en la última casa de la última calle . . .

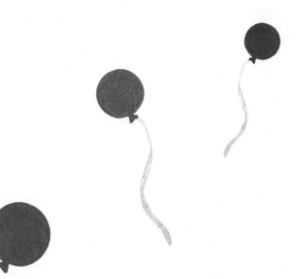

¡Sorpresa! ¡Sorpresa! ¡Sorpresa!

La familia de Curtis lo espera allí.

Sus amigos salen de todas partes.

Los vecinos de su ruta corren desde sus patios.

Hay una fiesta en honor de Curtis.

—Te queremos, Curtis, —dijeron todos—.

Te extrañaremos.

Todos bailan, comen y recuerdan.

Hay globos y serpentinas y cornetas de papel.

Esa noche, Curtis soñó con su fiesta.
Cuando despertó, a la mañana siguiente,
escribió notas de agradecimiento para cada uno.
Se sabe todas las direcciones como la palma de
la mano.

Reflexionar y responder

1 ¿Qué cambios vio Curtis en cuarenta y dos años como cartero?

2 ¿Por qué es importante el escenario en esta historia?

3 ¿Cómo muestra el autor que todas las personas en su **ruta** quieren a Curtis?

4 ¿Te gustaría vivir en la ruta de Curtis? Explica tu respuesta.

5 ¿Qué estrategias usaste para leer este cuento?

CONOCE AL AUTOR
Kevin Henkes

Queridos lectores:

Cuando tenía su edad, me encantaba ir a la biblioteca. Cargaba un montón de libros a casa yo solo. Creo que mis visitas a la biblioteca me ayudaron a que me decidiera en convertirme en escritor.

Me gusta concluir mis historias con algo que dé esperanza. Leer una historia que muestre esperanza al final es como cambiarse a una ropa cómoda después de la escuela. ¡Es sensacional!

Kevin Henkes

CONOCE A LA ILUSTRADORA
Marisabina Russo

Queridos lectores:

Cuando era niña, solía dibujar todo el tiempo. En particular me gustaba dibujar niños y perros. ¡Una vez me metí en un lío por dibujar en la parte de abajo de una mesa! Después de esa experiencia, mi mamá decidió comprarme una nueva libreta de dibujo cada semana.

Marisabi Russo

Visite *The Learning Site*
www.harcourtschool.com

195

Hacer conexiones

Compara textos

1. ¿Por qué Curtis es una persona especial en su vecindario?

2. ¿Cómo es el escenario de esta historia? Compáralo con el escenario de "El misterio del Parque del Pino".

3. Cuenta algo sobre otros personajes de la historia aparte de Curtis. ¿Qué crees que sienten por Curtis? ¿Cómo lo sabes?

Carta de presentación

Imagínate que acabas de encontrar a un amigo por carta, un nuevo amigo de un lugar lejano con quien escribirte. Escribe una carta sobre ti mismo que Curtis pueda entregar por el correo. En tu carta escribe tu nombre y lo que te gusta hacer.

CONEXIÓN con la Escritura

196

Línea cronológica personal

Curtis ha tenido una vida larga y atareada. Haz una línea cronológica de tu propia vida. Haz una lista de las cosas importantes que han pasado en tu vida y en qué años ocurrieron. Asegúrate de que aparezcan en el orden correcto.

CONEXIÓN con los Estudios sociales

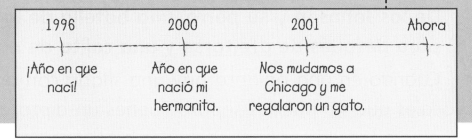

1996	2000	2001	Ahora
¡Año en que nací!	Año en que nació mi hermanita.	Nos mudamos a Chicago y me regalaron un gato.	

Costo de estampillas

Investiga cuánto cuesta una estampilla para una carta dentro de Estados Unidos y para enviarla a otros países. Comparte la información con tu clase. Explica cómo encontraste tus respuestas.

CONEXIÓN con las Matemáticas

Los diptongos
ai, ei

Lee con atención los siguientes fragmentos de la selección "Adios, Curtis".

Todos <u>bailan</u>, comen y cuentan recuerdos.

De los Johnson y su perro, una botella de loción para después de <u>afeitarse</u> y una cajita de nueces.

Cuando en una palabra hay una sílaba con dos vocales que no puedes separar, tienes un diptongo. Vuelve a leer las oraciones en voz alta. Las palabras subrayadas tienen los diptongos *ai* y *ei*.

Aquí hay otras palabras. Identifica los diptongos *ai* y *ei* en cada una. Escríbelas en la tabla. Piensa en otras palabras y añádelas a la tabla.

aire	seis
peine	caiga
reina	traigo

Palabras con *ai*	Palabras con *ei*
bailan	afeitarse

Visita *The Learning Site*
www.harcourtschool.com

Ve Destrezas y Actividades

Preparación para las pruebas

Los diptongos *ai, ei*

Escoge la palabra que tenga el mismo diptongo subrayado.

Ejemplo: **Jamaica**

- ○ tieso
- ● aislado
- ○ diario

1. **peine**
    - ○ guante
    - ○ reina
    - ○ piedra

Sugerencia

Busca palabras que tengan dos vocales juntas.

2. **paisaje**
    - ○ caimán
    - ○ erosión
    - ○ empeine

3. **caigo**
    - ○ gracia
    - ○ aislar
    - ○ piano

Sugerencia

Lee en voz alta cada palabra. Fíjate en cómo suena cada sílaba.

El poder de las palabras

aparecí

asustan

conduce

creó

imitaba

ritmo

Alex y su papá estaban esperando un tren en la estación. Para pasar el tiempo Alex **creó** un tambor hecho de unas cajas.

Alex podía ver el tren que se aproximaba. Escuchaba el **ritmo** del sonido de las ruedas contra los rieles. **Imitaba** el sonido con sus cajas.

200

De pronto suena un pitido fuerte, y Alex y el resto de la gente en la estación se **asustan**.

¡BOLETOS POR FAVOR!

El hombre que **conduce** el tren **apareció** por una puerta. Alex y su papá le dieron los boletos y se montaron en el tren.

CONEXIÓN
Vocabulario-Escritura

Escribe sobre alguna vez que hayas **imitado** algo o a alguien. Explica cómo lo hiciste.

201

Género

Ficción realista

Una ficción realista es un cuento que habla sobre sucesos que son como los sucesos de la vida real.

Busca

- a un personaje principal.

- un escenario que pudiera ser un lugar verdadero.

202

El Ritmo de Max

escrito e ilustrado por

Brian Pinkney

Ese día, Max no tenía ganas de hablar con nadie, así que se sentó en los escalones frente a su casa y se puso a mirar las nubes en el cielo.

De pronto, una fuerte brisa sacudió el árbol que había frente a su casa y Max vio dos pesadas varas caer al piso.

—¿Qué piensas hacer con esas varas? —le preguntó su abuelo, que estaba lavando las ventanas de la fachada de la casa.

Sin decir palabra, Max empezó a dar palmaditas sobre sus muslos: *pum… pum-pum. Pum- pum… pum-pum.* El ritmo imitaba al sonido de los pichones cuando se asustan y emprenden el vuelo.

Poco después, cuando la mamá de Max llegó a casa con dos sombreros nuevos para sus hijas gemelas, le preguntó:

—¿Qué haces con el balde de tu abuelo, hijo?

Max respondió con un tamborileo del balde. *Pum-pum-pum.*

Tipiti, tap… tap, tap. Él creó un ritmo parecido al de la lluvia cuando choca contra la ventana de la fachada de la casa.

Después de un rato, cuando las nubes se fueron y el sol apareció de nuevo en el cielo, Cindy, Sam y Jamal llegaron a casa de Max bebiendo un refresco. —¡Oye, Max! ¿Qué haces con esas cajas de sombreros?

De nuevo, Max no respondió. Sólo empezó a tamborilear en las cajas. *Dum... dum-di-dum.*

Di-di-di-di. Dum-dum. Max imitó el ritmo de los tambores de una banda.

212

—¿Qué vas a hacer con esas botellas de refresco? —le preguntó su papá, que estaba sacando la basura antes de irse a trabajar.

Max respondió con las botellas. *Don... dan... dun.*

¡Din... don...din!
Su música sonaba igual que las campanas de la iglesia a la vuelta de la esquina.

Más tarde salieron las gemelas a lucir sus sombreros nuevos.

—¡Oye, Max! —preguntaron—. ¿Qué haces con esos botes de basura?

Max dio su respuesta aporreando los botes: *¡Clin… clan…PUM!*

¡Clin, clan…PUMMMM! El ritmo de Max sonaba como las ruedas del tren que conduce su papá cuando pasan sobre los rieles.

De pronto, Max escuchó un *tum, di-di, tum*… ¡No lo podía creer! Era el *¡TUM, DI-DI, TUM!* de una banda que daba vuelta a la esquina.

Max observó con asombro a los
hombres que tocaban el tambor y quiso
seguir el ritmo. El último de ellos se dio
cuenta de que Max trataba de imitarlos.
Después de guiñarle un ojo, le sonrió y
le lanzó el par de baquetas que llevaba
de repuesto.

—Gracias —le dijo Max. Y no volvió a perder un solo compás.

Reflexionar y responder

1. ¿Qué objetos usa Max para crear **ritmos**?

2. ¿Cómo cambiaría la historia si Max viviera en el campo y no en la ciudad?

3. ¿Cómo se sentía Max al principio del cuento? ¿Cómo se siente al final?

4. ¿Qué parte del cuento te gustó más? Explica tu respuesta.

5. ¿Qué estrategias te ayudaron a leer el cuento?

BRIAN PINKNEY

¿Por qué decidiste escribir este libro?

Quería escribir un libro acerca de los tambores porque he tocado los tambores casi toda mi vida. De hecho, una vez pensé en convertirme en músico. En cuanto al libro, ya tenía algunas ideas, pero nada en concreto. Comencé a hacer anotaciones sobre cómo me gustaba tocar los tambores desde niño. Tardé alrededor de cuatro años en terminar el libro. Empecé por las ilustraciones. Hacía algunos dibujos y luego escribía algunas líneas. La mayoría de los textos surgieron en mi mente al despertarme por las mañanas y cuando no estaba en mi estudio.

Visita **The Learning Site**
www.harcourtschool.com

221

Música de la ciudad

Truena los dedos.
Suena tu tacón.
Baila con ritmo
por el callejón.

Canta una canción.
Baila con agrado.
La música de la ciudad
suena por todos lados.

Oye los autos *rugir*
Y las bicis *derrapar*.
La música de la ciudad
nos encanta escuchar.

por Tony Mitton

Hacer conexiones

Compara textos

1　Piensa en los escenarios de "El ritmo de Max", "Adiós, Curtis" y "El misterio del Parque del Pino". ¿Qué tienen que ver estos escenarios con el tema?

2　¿Por qué Brian Pinkney escribió "El ritmo de Max" como un cuento en lugar de hacerlo como una obra de teatro?

3　¿En qué se parece el poema "Música de la ciudad" a "El ritmo de Max"?

¿Qué pasará después?

¿Qué crees que hará Max con sus baquetas? Haz un esquema para poner tus ideas en orden. Luego escribe una historia en donde cuentes qué hizo Max después.

CONEXIÓN con la Escritura

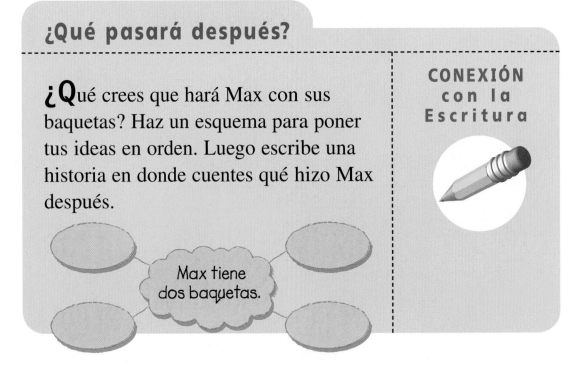

Max tiene dos baquetas.

Sonidos por todas partes

Max hace música con cualquier objeto que encuentra. Tú también puedes hacerlo. Busca objetos que puedas usar para producir sonidos interesantes. Puedes usar palos con cajas, latas y otras cosas. Conforme produzcas sonidos diferentes compara sus tonos o el *volumen*.

CONEXIÓN
con las
Ciencias

¡Todos a bordo!

Imagínate que eres un conductor de un tren. Mira un mapa y busca un lugar a donde puedas viajar en tu tren. ¿Viajarías a la ciudad o al campo? Con una lluvia de ideas haz una lista de los paisajes y sonidos que esperas encontrar cuando llegues.

CONEXIÓN
con los Estudios
sociales

Palabras de significado múltiple

Palabras que se escriben igual pero que tienen un significado diferente se llaman **palabras de significado múltiple.** Abajo está una palabra que aparece en la lectura "El ritmo de Max". Puedes saber lo que significa por la forma en que es usada en las siguientes oraciones.

Palabra
banda

Un significado
Max imitó el ritmo de los tambores de una banda de música.

Otro significado
La niña llevaba una banda roja alrededor de la cabeza.

La palabra **banda** es una palabra de significado múltiple que aparece en la lectura. ¿Cuáles son sus dos significados?

Visita *The Learning Site*
www.harcourtschool.com

Ve Destrezas y Actividades

226

Preparación para las pruebas

Palabras de significado múltiple

Lee el párrafo y completa las oraciones.

El fin de semana pasado

Ayer mi mamá fue al banco a sacar dinero para comprar el regalo de mi primo. En la tarde fuimos a su fiesta de cumpleaños. Él tiene un perro muy bonito, pero como da mucha lata lo tuvieron que encerrar en el patio de atrás.

---

1. **En el párrafo anterior, la palabra <u>banco</u> es:**
   ○ mueble para sentarse
   ○ institución para guardar o ahorrar dinero
   ○ pedazo de madera
   ○ tienda de regalos

   Sugerencia
   Escoge la respuesta que vaya con el significado del párrafo.

2. **En esta historia, la palabra <u>lata</u> significa:**
   ○ bote metálico
   ○ empaque para galletas
   ○ portarse mal
   ○ recipiente para envasar alimentos

   Sugerencia
   Piensa en el significado del párrafo antes de escoger una respuesta.

El poder de las palabras

Anthony Reynoso:
Charro por tradición

charrería

jaripeo

rancho

reata

vaquero

La **charrería** es el arte de manejar bien un caballo. En una exhibición de charrería, los jinetes hacen bailes y proezas admirables en sus caballos.

El **jaripeo** es el arte de manejar la **reata**. La reata es la cuerda que usan los jinetes. Los maestros del jaripeo practican desde niños para hacer sus suertes parados sobre su caballo.

En México un **rancho** es una granja donde se crían animales, como caballos, vacas, gallinas, y conejos.

El arte de la charrería y del jaripeo nació en los ranchos de México. El manejo de la **reata** se ha vuelto un talento artístico.

Un **vaquero** es parecido a un charro mexicano. También trabaja en un rancho o granja y sabe montar a caballo.

CONEXIÓN
Vocabulario-Escritura

Pregunta a tus familiares o amigos qué hace un **vaquero** y haz una lista de sus actividades.

Género

No ficción: Narrativa personal

Una narrativa personal es una historia verdadera acerca de algo importante en la vida del narrador.

Busca

- información acerca de la vida del narrador.

- palabras en primera persona como *yo*, *mi* y *me*.

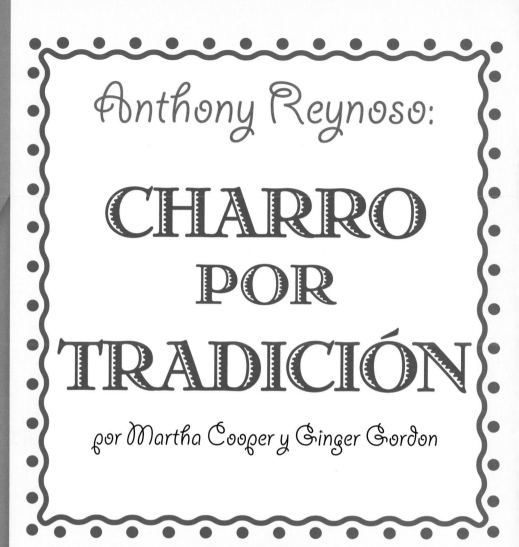

Anthony Reynoso:

CHARRO POR TRADICIÓN

por Martha Cooper y Ginger Gordon

Me llamo Anthony Reynoso. Me pusieron el nombre
de mi padre, que es quien sostiene las riendas del
caballo blanco, y el de mi abuelo, que sostiene las
del caballo pinto. Todos nos dedicamos a la charrería
y al jaripeo en el rancho de mi abuelo, que está en
las afueras de Phoenix, Arizona.

En cuanto aprendí a caminar, mi padre me dio una reata. También tenía mi propio sombrero y todo lo necesario para vestirme de charro. Así es como llaman a un tipo de vaquero en México. Estuvo muy bien que empezara a practicar desde pequeño, porque toma años aprender el jaripeo.

Vivo con mi papá y mi mamá en Guadalupe, un pueblo donde se mezcla la cultura mexicana, la estadounidense y la de los amerindios yaqui. Mis abuelos viven muy cerca de aquí, y eso nos va a ayudar bastante cuando nazca mi hermanito.

233

Conozco un secreto del pueblo de Guadalupe: cerca de mi casa descubrí unos petroglifos. El petroglifo que más me gusta es el que parece ser un hombre con un escudo. Hace cientos de años que la gente grabó esas figuras en las rocas. ¿Por qué lo habrá hecho? Quisiera saber qué significan esas figuras.

Todos los domingos en la mañana se llena la iglesia de la misión mexicana. En Semana Santa llegan cientos de personas para presenciar las ceremonias de los amerindios yaquis en el centro del pueblo.

Algunos domingos vamos a Casa Reynoso, el restaurante de mis abuelos. Si está muy concurrido, mis primos y yo nos ponemos a ayudar. Cuando hay tiempo, mi abuela me deja ayudar en la cocina. Casa Reynoso ofrece la mejor comida mexicana del pueblo.

En vacaciones nos vamos al rancho de mi abuelo. Una vez al año nos ponemos nuestros trajes para tomarnos una foto familiar.

Tengo muchos primos. Cada vez que hay un cumpleaños rompemos una piñata. Le pegamos con un palo hasta que caen los dulces. Entonces nos abalanzamos a recoger todo lo que podamos.

Lo mejor es cuando nos reunimos para practicar el jaripeo sobre el lomo del caballo. Mi papá siempre intenta hacer algo novedoso... ¡y yo también!

En México la charrería es el deporte nacional. Allí los charros más famosos son casi como las estrellas deportivas de los Estados Unidos.

Entre semana mi papá atiende su negocio de jardinería, mi mamá trabaja en una escuela pública y yo voy a la escuela. Junto con otros niños espero el autobús en la esquina de la casa.

Siempre hago la tarea. Cuando estoy en clase me olvido del jaripeo y de montar a caballo. Excepto mis mejores amigos, en la escuela nadie sabe de mi afición.

En casa es distinto. Allí practico mucho con mi papá,
que es un buen maestro y me enseña todo lo que su padre
le enseñó. Pasamos mucho tiempo practicando para las
presentaciones en escuelas, en centros comerciales y en
rodeos. Somos expertos en el manejo de la reata.
La próxima presentación en grande será en Sedona,
que está a unas dos horas de aquí en coche.

Después de practicar, jugamos un poco de baloncesto.
¡Papá es muy hábil también en eso!

Hoy viernes, al terminar las clases, mi papá y yo preparamos las reatas para el espectáculo en Sedona. Deben quedar muy bien hechas.

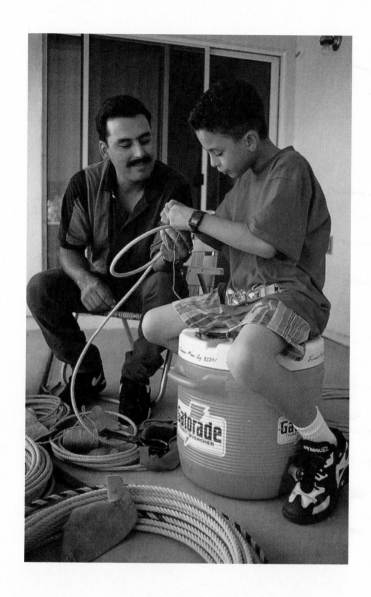

Todo está listo para mañana, así que puedo descansar y dedicarme a ver mis tarjetas de baloncesto. Escojo cuáles quiero comprar, vender o intercambiar. Coleccionar tarjetas de baloncesto es uno de mis pasatiempos preferidos.

¡Llegó el sábado! Es la hora del espectáculo en Sedona. Me pongo un poco nervioso cuando observo a los demás participantes. ¡No me gustaría para nada hacerme bolas con la reata frente a toda esa gente! Después de El jarabe tapatío seguimos nosotros.

Mi papá entra primero... y después voy yo. Hago mi número mientras tocan los mariachis. ¡Ni siquiera mi papá puede hacer la suerte que yo hago con los dientes!

Después mi papá y yo giramos juntos la reata, tal como lo hemos practicado. Es difícil hacerlo con los sombreros de charro. Cuando mi papá me pasa la reata y yo hago bien la suerte, dice que es como si me pasara la tradición mexicana del jaripeo. Ahora me corresponde a mí mantenerla.

Mamá es nuestra admiradora más entusiasta y siempre nos acompaña. Me siento bien al saber que ella se encuentra entre el público, mirándonos.

A veces los turistas nos piden que posemos junto a ellos para tomarse una fotografía. Esto me hace sentir famoso.

Cuando termina el espectáculo ¡vaya que tengo hambre! Recogemos todo y tomamos un refrigerio. Después vamos a Slide Rock, que es una caída de agua donde los niños han jugado desde hace cientos o quizá miles de años. ¡Este día el agua está heladísima! Preferiría venir en verano cuando está caliente, pero mi papá me empuja al agua de todas maneras. ¡Brrr!

Ya es hora de regresar a casa. La próxima vez
que vengamos a Sedona mi hermanito podrá
acompañarnos. ¿Será niño o niña? ¡Se me hace larga la
espera! Me va a gustar ser el hermano mayor. Muy
pronto se pondrá mis botas y yo le enseñaré el jaripeo.

REFLEXIONAR Y RESPONDER

1 ¿Qué te dice Anthony de su vida en una familia
mexicana estadounidense?

2 ¿Por qué crees que las autoras escribieron
acerca de Anthony Reynoso?

3 ¿Por qué Anthony y su padre se dedican a la
charrería y al **jaripeo**?

4 ¿Qué destreza te gustaría aprender? ¿Qué
harías para demostrar tu destreza?

5 ¿Qué estrategias te ayudaron a leer esta historia?

CONOCE A LAS AUTORAS

Ginger Gordon es maestra de primer año y escritora. Junto con Martha Cooper escribió otro libro titulado *My Two Worlds* (Mis dos mundos). El libro trata de una niña de ocho años que vive en Nueva York y en la República Dominicana. En él, Ginger Gordon quería mostrar lo que es tener un hogar en dos culturas diferentes.

Martha Cooper es una fotógrafa a la que le gusta mostrar la manera en que la gente de diferentes orígenes convive en Nueva York. Sus fotografías han aparecido en revistas, libros, calendarios y en exposiciones de museos. Martha Cooper vive en Nueva York.

Visita *The Learning Site* www.harcourtschool.com

Hacer conexiones

Compara textos

1 ¿Por qué crees que "Anthony Reynoso: Charro por tradición" es parte del tema Vivimos juntos?

2 ¿Quién habla en esta selección? ¿Cuál es la diferencia entre la forma de contar esta historia y la de "El ritmo de Max"?

3 ¿En qué se parece el personaje principal de esta historia al personaje principal de "El ritmo de Max"?

En la familia

Escribe un párrafo diciendo lo que hacen los papás de Anthony para ayudarlo a que sea bueno manejando la reata. Haz una lista con ejemplos de la historia para ayudarte a planear tu párrafo.

CONEXIÓN con la Escritura

Clima local

El clima en el lugar donde vives puede ser muy diferente del clima en otro lugar. Utiliza un periódico para saber qué temperatura hay en una ciudad lejana y anótalo durante dos semanas. Usa un termómetro para saber la temperatura del lugar donde vives. Compara la temperatura usando una tabla como la siguiente.

CONEXIÓN con las Ciencias

Temperatura			
Lugar	18 de mayo	23 de mayo	28 de mayo
Phoenix	70°	80°	88°
Mi ciudad	65°	70°	75°

Localiza en un mapa

Usa un mapa de América del Norte y busca Arizona, el lugar donde vive Anthony. Después busca México, el lugar de donde viene la familia de Anthony. Investiga el nombre de los estados cercanos a Arizona y después comparte tu información con la clase.

CONEXIÓN con los Estudios sociales

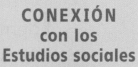

Los diptongos
ay, ey, oy, uy

Destreza de fonética

Los diptongos se forman cuando dos vocales se pronuncian juntas. También se forman con la letra *y* que a veces actúa como consonante y a veces como vocal. Estos diptongos pueden ser *ay, ey, oy, uy*.

Lee las siguientes oraciones y observa dónde aparecen diptongos con la *y*.

Cuando hay tiempo mi abuela me deja ayudar.
Casa Reynoso ofrece la mejor comida mexicana.
Mi papá entra primero y después voy yo.
Muy pronto se pondrá mis botas.

Identifica las palabras que tienen los diptongos *ay, ey, oy, uy*. Léelas en voz alta. Escribe otras palabras con estos diptongos.

> **Usa estas sugerencias para leer una palabra larga.**
> - Busca las partes de palabras que conoces.
> - Divide las palabras en partes.
> - Lee cada parte. Luego combina las partes para formar nuevas palabras.

Preparación para las pruebas

Los diptongos *ay, ey, oy, uy*

Señala la opción que contenga el diptongo subrayado en la primera palabra.

Ejemplo: **voy**

- ○ aguantar
- ○ cayo
- ● estoy
- ○ ayudando

> **Sugerencia**
>
> Observa con atención las letras subrayadas. Asegúrate de que la respuesta correcta tiene el mismo sonido.

1. **virrey**
   - ○ idioma
   - ○ ley
   - ○ recuerdos
   - ○ Uruguay

2. **soy**
   - ○ mayor
   - ○ buey
   - ○ hoy
   - ○ muy

> **Sugerencia**
>
> Elimina las opciones que no tienen el mismo sonido.

3. **Fray**
   - ○ tedioso
   - ○ muy
   - ○ aire
   - ○ Garibay

El poder de las palabras

celebraciones

desarrollar

estudiantes

furiosos

gracia

tienda de abarrotes

La calle Colón tiene muchas tiendas. Mi mamá va a la tienda de Jack. Es una **tienda de abarrotes** que vende toda clase de comidas.

Mi abuelo y yo miramos a los **estudiantes** de baile. Están aprendiendo cómo hacer los movimientos con **gracia**. Ellos practican mucho para **desarrollar** los músculos de sus piernas.

Papá está **furioso** consigo mismo porque se le olvidó traer el suéter que quería devolver.

Mi hermana va a la tienda que vende artículos para fiestas. Ella está mirando las cosas que venden para las **celebraciones** de cumpleaños.

CONEXIÓN
Vocabulario-Escritura

Escribe una breve descripción de tu **celebración** favorita. Di cuándo es, qué haces y por qué te gusta.

El poder de las palabras

El barrio chino

escrito e ilustrado por
William Low

Ilustrador
premiado

CHINO-AMERICANA

254

Yo vivo en el barrio chino con mi madre, mi padre y mi abuela. Nuestro apartamento se encuentra justo sobre la **tienda de abarrotes** chino-americana.

255

Todas las mañanas, mi abuela y yo caminamos por el barrio chino. La tomo de la mano antes de cruzar las calles.

—Ten cuidado con los autos —le digo.

Cuando llegamos al parque, la clase de tai chi ya ha comenzado. Estudiantes jóvenes y mayores se mueven a la luz del sol con la gracia de un grupo de bailarines.

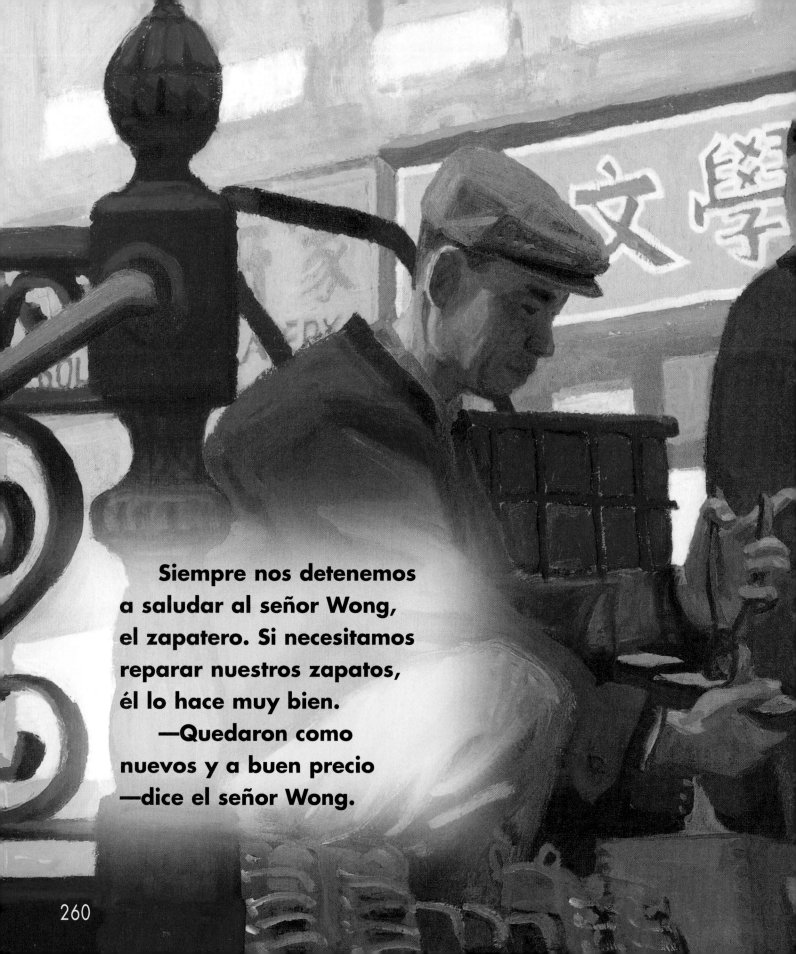

Siempre nos detenemos a saludar al señor Wong, el zapatero. Si necesitamos reparar nuestros zapatos, él lo hace muy bien.

—Quedaron como nuevos y a buen precio —dice el señor Wong.

Pero el barrio chino realmente cobra vida cuando llegan los camiones repartidores. Hombres con carritos de entrega se mueven con gran rapidez por las aceras para llevar su mercancía a las tiendas.

Todos los días, abuela y yo pasamos por el restaurante Dai-Dai. Me encanta el pollo asado que preparan ahí, pero mi abuela prefiere el pato.

261

Cuando hace mucho frío afuera y
abuela necesita una sopa medicinal,
vamos a una tienda de herbolaria.
Adentro está oscuro y huele a humedad.
El dueño, el señor Chung, envuelve
hierbas y raíces secas.

   —Ya llegó el invierno —dice abuela—.
Debemos reforzar nuestras defensas.

A veces, mi abuela y yo almorzamos en un restaurante de mariscos. Me gusta ver nadar a los peces que tienen en una gran pecera. Abuela siempre dice: —No hay mariscos más frescos que los del barrio chino.

La cocina del restaurante es un lugar muy ruidoso. Hay aceite caliente que brinca en las sartenes, verduras que chisporrotean y el típico ruido de las cacerolas. Los cocineros tienen que gritar para oírse unos a otros.

263

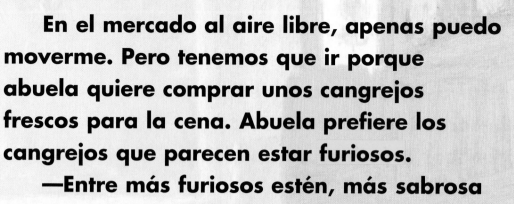

En el mercado al aire libre, apenas puedo moverme. Pero tenemos que ir porque abuela quiere comprar unos cangrejos frescos para la cena. Abuela prefiere los cangrejos que parecen estar furiosos.

—Entre más furiosos estén, más sabrosa será su carne —dice.

Los sábados tomo lecciones en la escuela de kung fu. El maestro Leung nos enseña un nuevo movimiento cada semana. —Para **desarrollar** tu mente y tu cuerpo —dice el maestro Leung—, debes practicar todos los días.

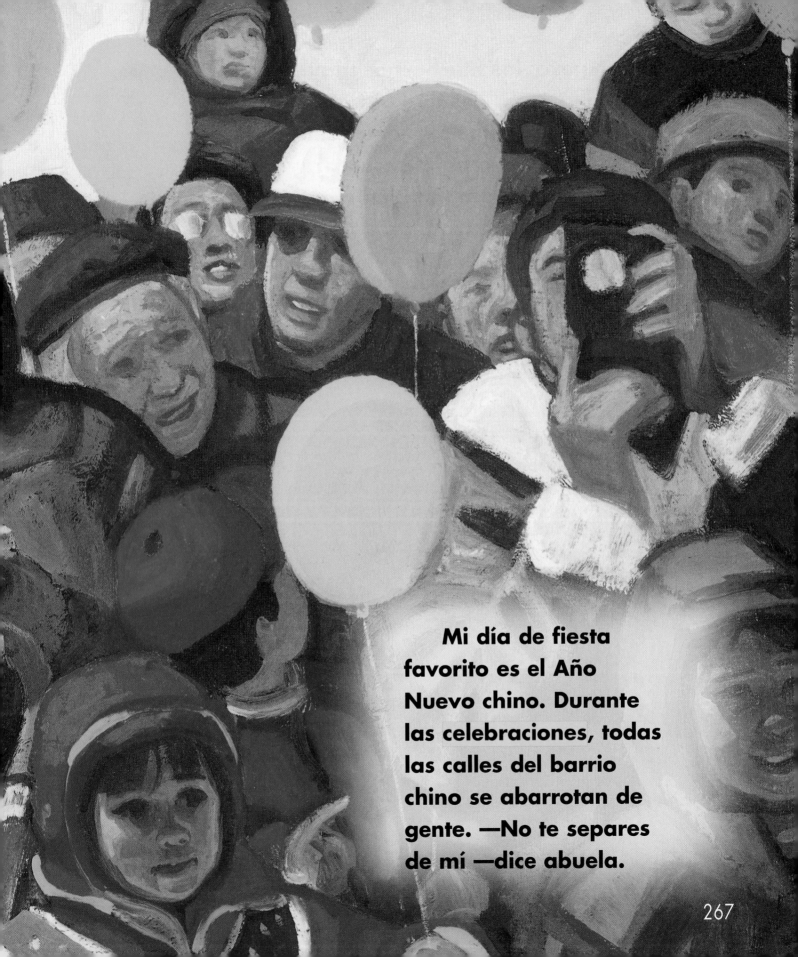

Mi día de fiesta favorito es el Año Nuevo chino. Durante las celebraciones, todas las calles del barrio chino se abarrotan de gente. —No te separes de mí —dice abuela.

267

En Año Nuevo, los muchachos mayores de la escuela de kung fu desfilan al ritmo de los tambores. Mientras abuela y yo tratamos de conseguir un buen sitio para observar, yo le digo que el año próximo también marcharé con ellos.

El desfile de Año Nuevo avanza con gran alboroto entre las calles. —¡Mira, abuela! —le digo—. Ahí viene el dragón.

Los petardos explotan cuando termina la danza del dragón. Volteo a ver a abuela, tomo su mano y le digo, —*Gung hay fat choy*, abuela.

Ella sonríe y me dice: —Y un Feliz Año Nuevo para ti también.

Reflexionar y responder

1 ¿Qué ven y hacen el niño y su abuela cuando caminan por el barrio chino?

2 ¿Cómo **desarrolla** el autor el escenario?

3 ¿Cómo crees que el niño se siente acerca del barrio chino? ¿Por qué lo crees?

4 ¿Cuáles celebraciones te gustan más a ti? ¿Por qué?

5 ¿Qué imágenes mentales te hiciste a medida que leías este cuento?

William Low

William Low nació en la ciudad de Nueva York pero nunca vivió en el barrio chino. El creció en Bronx y Queens, otros barrios de la ciudad. Cuando joven, William Low solía subirse al techo de la casa de sus padres, y hacía dibujos de edificios cercanos. Hoy en día él enseña arte en una escuela no muy lejos del barrio chino.

Visita *The Learning Site*
www.harcourtschool.com

271

MIRA LO QUE VINO DE
CHINA

por Miles Harvey

Niños practicando kung fu

Deportes y ejercicio

Muchas de las artes físicas de China se han abierto camino hasta Estados Unidos. Un deporte chino muy famoso es una variedad especial de boxeo conocido como *kung fu*. Es un deporte muy difícil. Para hacerlo bien, debes practicar muchos años.

Tai chi

Un tipo de ejercicio muy popular en China es el *tai chi*. Es excelente para ti. También es interesante observarlo. Las personas que practican tai chi a veces parecen bailar a cámara lenta.

Desde hace más de 2,000 años, los habitantes de China han practicado un deporte conocido como *acrobacia*. Los acróbatas realizan trucos asombrosos. Algunos lanzan objetos al aire para hacer juegos malabares. Otros apilan objetos a gran altura y luego hacen equilibrio sobre ellos. ¡Por eso a la gente le gusta ver a los acróbatas del circo!

Acróbatas chinos

273

Hacer conexiones

Compara textos

1 En este tema, ¿qué comunidades se parecen más? ¿Por qué?

2 ¿En qué se parecen el final de "El barrio chino" y el final de "El ritmo de Max"?

3 Compara "El barrio chino" con "Mira lo que vino de China". ¿Cuál de estas lecturas da más información sobre *kung fu* y *tai chi*?

Escribe sobre tu vecindario

El niño de "El barrio chino" cuenta acerca de los paisajes, sonidos y olores de su comunidad. En tu diario escribe acerca de las cosas que ves, escuchas y hueles en tu vecindario. Usa palabras descriptivas para agregar detalles a tu relato.

21 de abril del 2003
Ayer fui al parque con mi abuelo. Vimos a la Srta. Pérez jugando con sus perros. El perro más pequeño brincaba y ladraba.

CONEXIÓN con la Escritura

Ejercita tus músculos

El niño en "El barrio chino" dice que las personas en la clase de *tai chi* se mueven "con la gracia de un grupo de bailarines". Piensa en pasos de baile o ejercicios que te guste hacer. Escríbelos. Después haz que un compañero escuche tus indicaciones para moverse como tú. Usa palabras como *arriba*, *abajo*, *alrededor* y *debajo*.

CONEXIÓN con la Salud

Consigue lo que necesitas

Piensa en las diferentes clases de tiendas que hay donde vives. Haz una lista de las tiendas que tu familia necesita. Después explica por qué cada una de estas tiendas es importante.

CONEXIÓN con los Estudios sociales

275

Detalles

Destreza de enfoque

Los detalles son datos de información en una historia u otro escrito que te dicen más sobre algo. Los detalles te ayudan a visualizar lo que estás leyendo. También hacen más interesante la lectura.

Lee las oraciones que aparecen abajo. ¿Cómo utilizó el autor los detalles para ayudarte a conocer más acerca de cada tema?

TEMA	TEMA Y DETALLES
La cocina del restaurante es ruidosa.	La cocina del restaurante es un lugar muy ruidoso. Hay aceite caliente que brinca en las sartenes, verduras que chisporrotean y el típico ruido de las cacerolas. Los cocineros tienen que gritar para oírse unos a otros.
Yo vivo en el barrio chino.	Vivo en el bario chino con mi madre, mi padre y mi abuela. Nuestro departamento se encuentra justo sobre la tienda de abarrotes chino-americana.

El barrio chino

Lee otra vez la página 262. ¿Qué detalles encontraste?

Visita *The Learning Site*
www.harcourtschool.com

Ve Destrezas y Actividades

276

Preparación para las pruebas
Detalles

Lee el relato y después contesta las preguntas.

El sombrero nuevo de Annie

Annie compró un sombrero nuevo. Era blanco con una cinta amarilla. La cinta tenía margaritas blancas y hacía juego perfectamente con su nuevo vestido amarillo.

1. **El sombrero de Annie era:**

   ○ amarillo

   ○ blanco

   ○ rizado

   ○ viejo

Sugerencia

Al leer, fíjate en los detalles que son importantes en el cuento.

2. **¿Qué tipo de flores tenía la cinta del sombrero de Annie?**

   ○ margaritas amarillas

   ○ margaritas blancas

   ○ tulipanes amarillos

   ○ tulipanes blancos

Sugerencia

Vuelve a leer el cuento para encontrar la respuesta.

Vámonos

de

viaje

Contenido

El poder de las palabras

Abuela

bandada

crestas

elevarnos

ondeando

puerto

El otro día vi una **bandada** de gaviotas junto al mar, cerca de donde vivo.

A veces bajaban rozando las **crestas** de las olas y después volvían a elevarse con gran maestría.

Sería maravilloso si las personas pudiéramos **elevarnos** por el aire como ellas. ¿Qué se sentirá subir tan alto con la ropa **ondeando** por el aire?

En el **puerto** siempre hay muchas gaviotas rondando los barcos pesqueros.

CONEXIÓN
Vocabulario-Escritura

¿**Q**ué sentirías si pudieras **elevarte** y planear en el aire como una gaviota? Escribe un poema pequeño sobre esto.

281

Género

Fantasía

Una fantasía es un cuento con sucesos que no pueden ocurrir en la vida real.

Busca

- a personajes que hagan cosas que las personas en la vida real no puedan hacer.

- un escenario que sea diferente al mundo real.

por Arthur Dorros

ilustrado por Elisa Kleven

283

Mi abuela me lleva en el autobús
a recorrer toda la ciudad.

Ella es la madre de mi mamá.
En inglés "abuela" se dice *grandma*.
Ella habla español porque es la lengua
que hablaba la gente del lugar donde nació
antes de que ella viniera a este país.
Mi abuela y yo siempre visitamos diferentes lugares.

Hoy vamos a ir al parque.
—El parque es lindo —dice mi abuela.
Yo sé por qué lo dice.
Yo también creo que el parque es hermoso, *beautiful.*

So many birds.
—Tantos pájaros —dice mi abuela
mientras una bandada nos rodea.
Los pájaros recogen el pan que les hemos traído.

284

¿Y qué tal si los pájaros me alzaran
y me llevaran volando
por encima del parque?
¿Qué pasaría si yo volara?
Mi abuela se preguntaría dónde estoy y,
clavando en picada como un pájaro,
yo la saludaría.

Entonces ella me vería volar.
—Rosalba, el pájaro —me diría. *Rosalba, the bird.*
—Ven, Abuela. *Come, Abuela* —la invitaría.
—Sí, quiero volar —respondería ella
mientras saltaba hacia las nubes
con la falda ondeando al viento.

Volaríamos por toda la ciudad.
—¡Mira! —señalaría mi abuela con el dedo.

Y yo observaría todo al elevarnos
sobre parques y calles, perros y gente.

Saludaríamos a las personas que esperan el autobús.
—Buenos días —les diríamos.
—Buenos días. *Good morning* —nos responderían.
Volaríamos sobre fábricas y trenes…

y descenderíamos cerca del mar
hasta casi tocar
las crestas de las olas.

Su falda sería una vela
y Abuela competiría con los veleros.
Apuesto a que ella ganaría.

Llegaríamos a los muelles y veríamos
a la gente que descarga frutas
de esa tierra donde mi abuela se crió.
Mangos, bananas, papayas: son palabras
que también se usan en inglés,
al igual que rodeo, patio y burro.
A lo mejor veríamos a un primo
de mi abuela
mientras engancha las cajas
de fruta a una grúa.
Una vez vimos a su primo Daniel
cargar y descargar los barcos.

Más allá de los barcos del puerto
veríamos La Estatua de la Libertad.
—Me gusta —diría mi abuela.
A mí me gusta también.

Daríamos vueltas alrededor
de "La Libertad" y saludaríamos a los visitantes.
Mi abuela recordaría el momento
en que ella llegó a este país.

—Vamos al aeropuerto —diría ella,
y allá me llevaría, adonde
aterrizó el avión que la trajo
por primera vez.
—¡Con cuidado! —me advertiría Abuela.
Y nos agarraríamos del avión
para dar un paseíto.

291

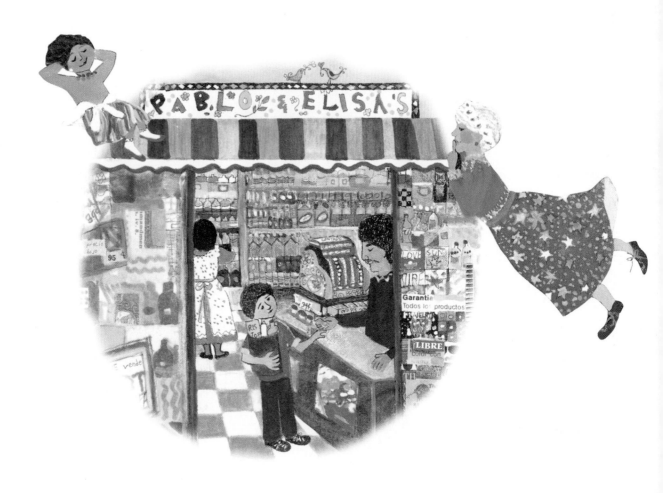

Después volaríamos a la tienda del tío Pablo
y de la tía Elisa.
Él es mi tío, *my uncle*,
y ella es mi tía, *my aunt*.
Se sorprenderían al vernos entrar volando,
pero luego nos ofrecerían una limonada refrescante.
Volar nos da mucho calor.
—Pero quiero volar más —diría Abuela.
Ella y yo queremos seguir volando.

Podríamos volar a las nubes, *the clouds.*
Una parece un gato, *a cat.*
Otra parece un oso, *a bear.*
Y ésta parece una silla, *a chair.*
—Descansemos un momento —diría
mi abuela.
Nos sentaríamos en la silla de nubes
y ella me tomaría en sus brazos.
Todo el cielo es
nuestra casa, *our house.*

Estaríamos tan alto como los aviones,
los globos y las aves,
mucho más arriba que los edificios del centro.
Pero hasta allí volaríamos
para echar un vistazo.

Podríamos encontrar el edificio donde trabaja mi papá.
—Hola, Papá, *Hi, Dad,* —le diría yo saludándolo,
y Abuela daría una voltereta al pasar por las ventanas.

—¡Mira! —le oigo decir a mi abuela.
Look, me está diciendo.
Y cuando miro,
ya estamos de regreso en el parque.

Ahora caminamos por el lago.
Abuela quiere tal vez remar en un bote.
—Vamos a otra aventura —me dice.
Let's go on another adventure.
Esa es una de las cosas que me encantan
de mi abuela: le fascinan las aventuras.

Abuela me toma de la mano.

—¡Vamos! —me invita.

Reflexionar y responder

1. ¿Qué aventuras tienen Rosalba y Abuela en la ciudad?

2. ¿Por qué crees que el autor usa palabras en inglés en el cuento?

3. ¿Cómo sería diferente este cuento si Rosalba y Abuela hubieran caminado en vez de andar **ondeando** por el aire?

4. ¿Te gustaría ir de viaje con Rosalba y Abuela? Explica tu respuesta.

5. ¿Cómo el buscar palabras cortas o partes de palabras te ayudó a leer palabras largas que no conocías?

Glosario

A bear (ə bâr)   Un oso

A cat (ə kat)   Un gato

A chair (ə châr)   Una silla

Aunt (ant)   Tía

Be careful (bē kâr´fəl)   Cuidado

But I would like to fly more (but ī wŏŏd līk tōō flī môr)
Pero quiero volar más

Close to the sea (klōs tōō thə sē)   Cerca del mar

Come (kum)   Ven

Good day (gŏŏd dā)   Buenos días

Grandmother (grand´mu•thər)   Abuela

Hello, papa (hə•lō´ pä´ pə)   Hola, papá

I like (ī līk)   Me gusta

Lemonade (lem´ ən•ād´)   Limonada

Let's go (lets gō)   Vamos

Let's go on another adventure (lets gō on ə•nuth´ ər
ad•ven´chər)   Vamos a otra aventura

Let's go to the airport (lets go tōō the âr´pôrt)
Vamos al aeropuerto

Let's rest a moment (lets rest ə mō´mənt)   Descansemos un
momento

Look (lŏŏk)   Mira

Our house (our hous)   Nuestra casa

Rosalba the bird (rōz•al´bə thə bərd)   Rosalba el pájaro

So many birds (sō men´ē bərdz)   Tantos pájaros

The clouds (thə kloudz)   Las nubes

The park is beautiful (thə pärk iz byōō´tə•fəl)
El parque es lindo

Uncle (ung´kəl)   Tío

Yes, I want to fly (yes ī wont tōō flī)   Sí, quiero volar

Conoce al autor
Arthur Dorros

Queridos lectores:

"Abuela" se trata de mi abuela que vivía en Nueva York y de imaginar cómo sería poder volar. Cuando yo estaba en segundo grado me gustaba volar cometas. Observaba cómo mi cometa se elevaba hasta que sólo era un puntito en el cielo. Me imaginaba cómo sería poder volar por el cielo como un pájaro.

Luego podía ver mucho de la ciudad de Nueva York desde el edificio de apartamentos donde vivía. La ciudad se veía igual a cómo la veían Rosalba y Abuela en el cuento. ¡Imagínate cómo se vería tu casa desde muy alto!

Tu amigo,

Conoce a la ilustradora
Elisa Kleven

Visita *The Learning Site*
www.harcourtschool.com

Queridos lectores:

Me divertí mucho haciendo los dibujos para "Abuela". Yo no conocía la ciudad de Nueva York muy bien, así que Arthur Dorros me dibujó un mapa mostrándome los sitios a donde Rosalba y Abuela volarían.

Cuando dibujé el arte para este cuento, primero hice ilustraciones a lápiz. Luego usé plumas, creyones, pinturas y materiales para un collage para terminar el arte. ¡Hasta usé tela que me había sobrado de una blusa para hacerle la cartera a Abuela!

Tu amiga,

Elisa Kleven

301

Hacer conexiones

Compara textos

1. ¿Por qué crees que "Abuela" es parte del tema llamado Vámonos de viaje?

2. Compara el escenario de "Abuela" con el escenario de otra historia que hayas leído recientemente. ¿En qué se parecen y en qué son diferentes estos escenarios?

3. ¿Qué partes de "Abuela" podrían suceder en la vida real y cuáles no?

Aventura en el aire

Imagínate que estás volando sobre tu propio vecindario como Rosalba y la Abuela. Escribe una página de tu diario contando tus aventuras.

CONEXIÓN con la Escritura

> Martes
> Querido diario:
> ¡Hoy volé sobre mi vecindario! Vi a mi mamá sembrando flores y también a mis amigos jugando fútbol.

Todo sobre los pájaros

CONEXIÓN con las Ciencias

Investiga más acerca de la vida de los pájaros. Escoge un pájaro de esta lista.

- petirrojo
- gorrión
- águila
- cóndor
- colibrí

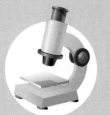

**CONEXIÓN
con las Ciencias**

Escribe tres datos acerca del pájaro que elegiste y después dibújalo.

¿De dónde eres?

La abuela de Rosalba llegó a Estados Unidos desde otro país. ¿Algún miembro de tu familia vino de otro país? Investiga en dónde vivían antes de llegar aquí. Marca los lugares en un mapa y comparte con tus compañeros lo que aprendiste.

**CONEXIÓN
con los
Estudios
sociales**

La mamá de Marina vino de Honduras

Los abuelos de Wally vinieron de Rusia

Los padres de Lani vinieron de Taiwan

303

Abuela

Sílabas *cla, cle, cli, clo, clu* y *cra, cre, cri, cro, cru*

Destreza de fonética

Lee estas oraciones del cuento "Abuela".

Yo también <u>creo</u> que el parque es hermoso.

Estoy <u>clavando</u> en picada como un pájaro.

Descenderíamos cerca del mar hasta casi tocar las <u>crestas</u> de las olas.

Vuelve a decir las palabras subrayadas *creo, clavando* y *crestas*. Escucha en cada palabra el sonido de las sílabas *cre* y *cla*. Observa que estas sílabas forman un sólo sonido.

Aquí hay más palabras. Di cada palabra en voz alta. ¿Qué palabras tienen las mismas sílabas?

clarinete	clavel	creativo
crimen	cliente	acróbata
crema	criatura	clima

Usa estas sugerencias para leer palabras largas.

- Busca partes de palabras que conoces.
- Divide la palabra en partes.
- Di cada parte en voz alta. Luego combina las partes y di la palabra.

304

Preparación para las pruebas

Sílabas *cla, cle, cli, clo, clu* y *cra, cre, cri, cro, cru*

Encuentra la palabra que tiene el mismo sonido que las combinaciones de letras subrayadas.

Ejemplo: <u>cl</u>avar

○ acelerar

● aclarar

○ arrancar

1.   <u>cr</u>ucero

○ cuernos

○ acurrucar

○ cruel

2.   <u>cl</u>ima

○ clínica

○ colina

○ caliente

3.   <u>cr</u>emoso

○ crédito

○ carretera

○ carácter

El poder de las palabras

Atlas mundial
para principiantes

características

cartógrafo

conecta

distancia

pelar

Este hombre es un **cartógrafo**, su trabajo consiste en hacer un dibujo plano de la Tierra.

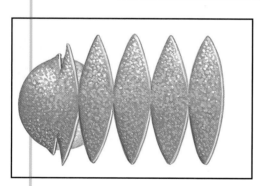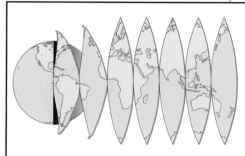

Investiga cómo trabaja. Pide ayuda a un adulto para **pelar** una naranja, después coloca la cáscara plana sobre la mesa. La Tierra es redonda como la naranja. Un mapa de la Tierra es plano como una cáscara de naranja.

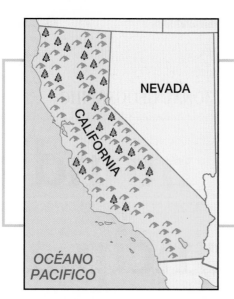

Un cartógrafo puede mostrar diferentes **características** de la Tierra en un mapa, como montañas, bosques, ríos y desiertos.

El cartógrafo también puede mostrar ciudades en un mapa. Cuando **conecta** dos ciudades con una línea, puede medir a qué **distancia** se encuentra una de la otra, para ayudar a la gente que viaja.

CONEXIÓN
Vocabulario-Escritura

Pregúntale a algún adulto que conozcas qué **características** tiene su trabajo y qué habilidades necesita para realizarlo. Escribe todo acerca de esto.

NATIONAL GEOGRAPHIC

Atlas mundial para principiantes

308

¿Qué es un mapa?

Un mapa es el dibujo de un lugar visto desde arriba. El dibujo es plano y más pequeño que el lugar que representa. Un mapa puede ayudarte a identificar en dónde te encuentras y hacia dónde quieres ir.

Haz un mapa de tu patio trasero . . .

. . . desde el suelo

Cuando sales al patio, puedes ver todo lo que se encuentra directamente frente a ti. Tienes que mirar hacia arriba para ver el techo y la copa de los árboles. No puedes ver lo que hay en la parte de adelante de tu casa.

. . . desde arriba

Desde lo alto puedes ver las cosas que están abajo. Puedes ver la copa de los árboles y los objetos que hay en tu patio y en el de tus vecinos.

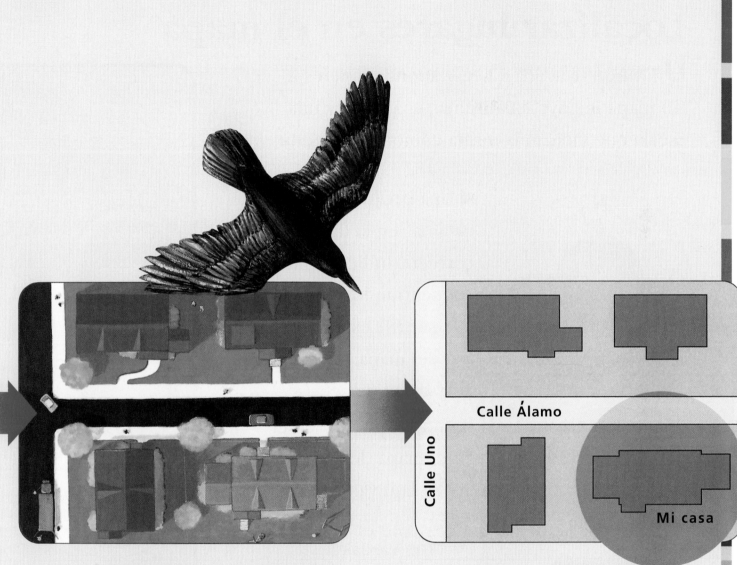

Calle Álamo

Calle Uno

Mi casa

. . . desde la perspectiva de un pájaro

Si fueras un ave que vuela directamente por encima de los objetos, sólo podrías ver la parte superior de las cosas. No verías paredes, troncos de árboles, neumáticos o pies.

. . . en un mapa

Un mapa muestra los lugares desde el punto de vista de un pájaro. Pero usa dibujos llamados símbolos para representar objetos que no se mueven, como una casa.

Localizar lugares en el mapa

Un **mapa** te ayuda a llegar adonde quieres ir. Un mapa incluye una brújula, una clave y una escala que indican la forma como debes leerlo.

◀ Una **brújula** te ayuda a caminar en la dirección correcta. Indica dónde se encuentran los puntos norte (N), sur (S), este (E) y oeste (O) del mapa. A veces, sólo muestra el norte.

▼Una **escala** indica la distancia que hay en el mapa. Observa la escala en el mapa de la derecha. El largo de las barras de arriba equivale a recorrer cien yardas.

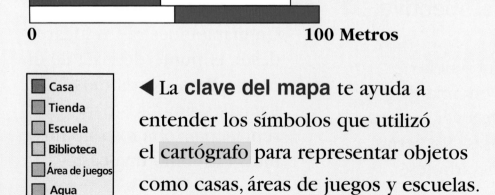

0	100 Yardas
0	100 Metros

Casa
Tienda
Escuela
Biblioteca
Área de juegos
Agua

◀ La **clave del mapa** te ayuda a entender los símbolos que utilizó el cartógrafo para representar objetos como casas, áreas de juegos y escuelas.

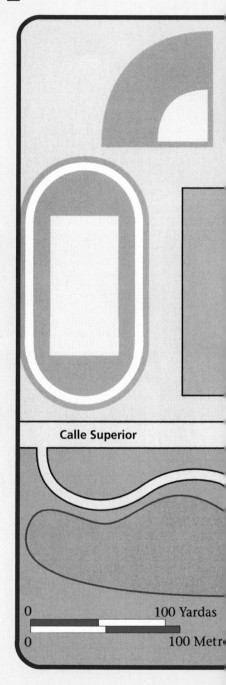

Calle Superior

0   100 Yardas
0   100 Metr

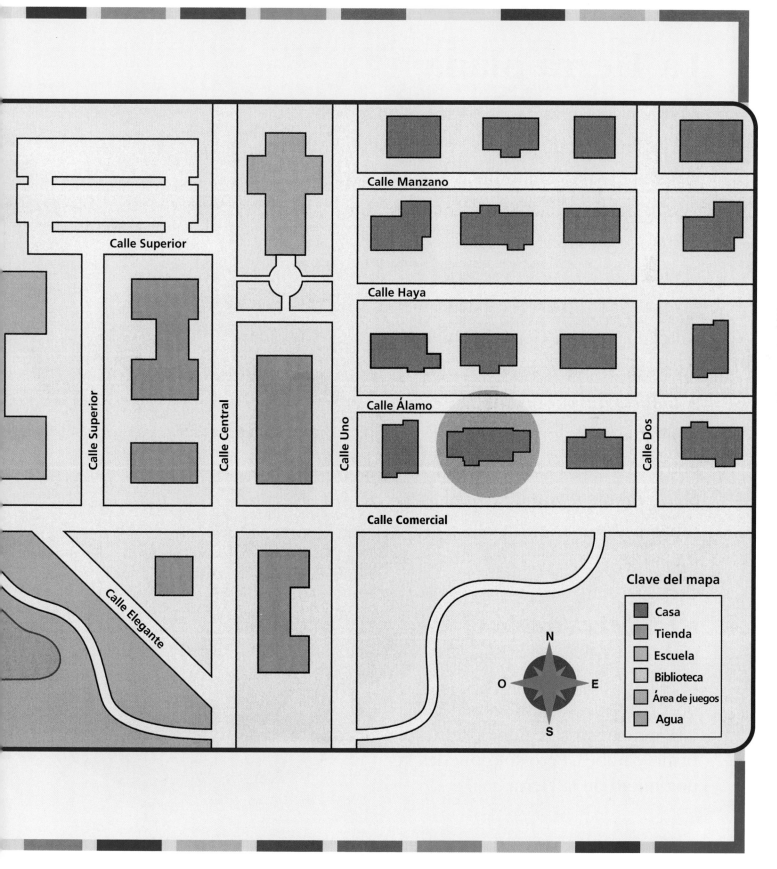

Calle Manzano

Calle Superior

Calle Superior

Calle Haya

Calle Central

Calle Uno

Calle Álamo

Calle Dos

Calle Comercial

Calle Elegante

Clave del mapa

Casa
Tienda
Escuela
Biblioteca
Área de juegos
Agua

N
O   E
S

313

La Tierra plana

A veces, la Tierra parece plana cuando la ves desde tu patio trasero. Pero si pudieras viajar al espacio como un astronauta, verías que la Tierra es una pelota gigantesca que tiene océanos azules, regiones de tierra firme de color pardo verdoso y nubes blancas. Incluso en el espacio puedes ver sólo la cara de la Tierra que tienes enfrente. Si quieres ver todo el planeta al mismo tiempo, necesitas un mapa. Los mapas convierten la esfera terrestre en un dibujo plano que puedes observar en su totalidad.

▶ La Tierra desde el espacio

Desde el espacio puedes observar que la Tierra es redonda y tiene océanos, regiones de tierra firme y nubes. Pero sólo puedes ver una mitad de la Tierra.

AMÉRICA
DEL NORTE

JADOR

AMÉRICA
DEL SUR

▲ La Tierra como un globo terráqueo

Un **globo terráqueo** es un modelo de la Tierra que puedes colocar sobre una base o sostener en tus manos. Tienes que hacerlo girar para ver el otro lado, ya que no puedes ver toda la Tierra al mismo tiempo.

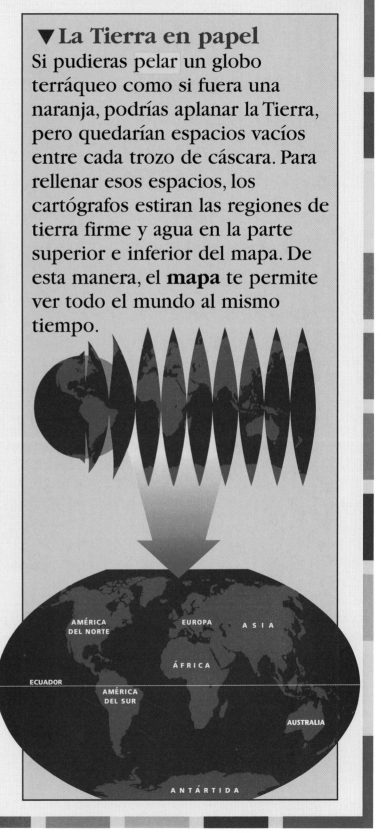

▼ La Tierra en papel

Si pudieras pelar un globo terráqueo como si fuera una naranja, podrías aplanar la Tierra, pero quedarían espacios vacíos entre cada trozo de cáscara. Para rellenar esos espacios, los cartógrafos estiran las regiones de tierra firme y agua en la parte superior e inferior del mapa. De esta manera, el **mapa** te permite ver todo el mundo al mismo tiempo.

AMÉRICA
DEL NORTE

EUROPA

ASIA

ÁFRICA

ECUADOR

AMÉRICA
DEL SUR

AUSTRALIA

ANTÁRTIDA

El mundo físico

Un mapa físico utiliza símbolos para mostrar dónde se encuentran distintos lugares, como montañas, desiertos y otras características de tierra firme. La clave del mapa explica qué significan los símbolos.

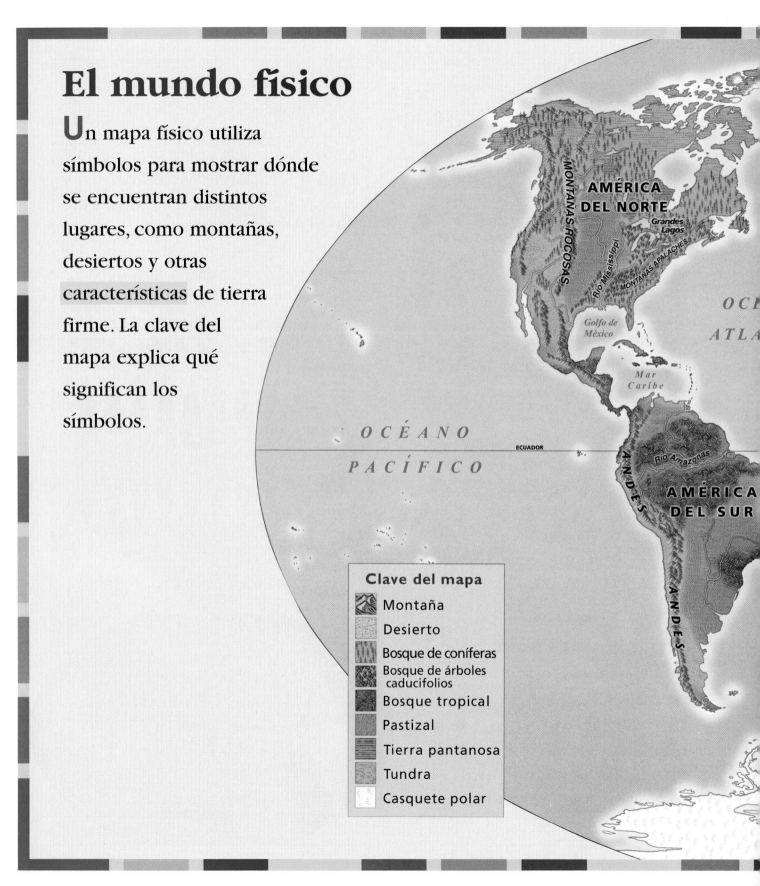

AMÉRICA DEL NORTE

MONTAÑAS ROCOSAS

Grandes Lagos

Río Mississippi

MONTAÑAS APALACHES

Golfo de México

Mar Caribe

OCÉANO ATLÁ

OC

OCÉANO PACÍFICO

ECUADOR

Río Amazonas

ANDES

AMÉRICA DEL SUR

Clave del mapa

- Montaña
- Desierto
- Bosque de coníferas
- Bosque de árboles caducifolios
- Bosque tropical
- Pastizal
- Tierra pantanosa
- Tundra
- Casquete polar

OCÉANO ÁRTICO

GROENLANDIA

EUROPA

MONTAÑAS URALES

Río Volga

ALPES

Frontera
Europa-Asia

ASIA

Gobi

Mar Mediterráneo

MONTAÑAS ATLAS

HIMALAYA

Río Yangtze

SAHARA

ÁFRICA

Río Nilo

OCÉANO
PACÍFICO

ECUADOR

OCÉANO
ÍNDICO

AUSTRALIA

GRAN CORDILLERA DIVISORIA

ANTÁRTIDA

317

El mundo físico visto de cerca

La superficie de la Tierra se compone de tierra y agua. Las superficies de tierra más extensas se llaman **continentes**. Se nombran los siete en este mapa. Las **islas** son superficies de tierra más pequeñas rodeadas por agua. Groenlandia es la isla más grande. Una **península** es una superficie de tierra rodeada por agua en tres lados. Europa tiene muchas penínsulas.

Los **océanos** son los cuerpos de agua más grandes. ¿Puedes encontrar los cuatro océanos? Los **lagos** son cuerpos de agua rodeados por tierra; como los Grandes Lagos en América del Norte. Un **río** es un cuerpo grande de agua que desemboca en un lago o un océano. El río Nilo es el río más largo de la Tierra.

OCÉA

GROENLANDIA

MONTAÑAS ROCOSAS

AMÉRICA DEL NORTE

Grandes Lagos

Río Mississippi

MONTAÑAS APALACHES

Golfo de México

Mar Caribe

OCÉANO ATLÁNTICO

OCÉANO PACÍFICO

ECUADOR

Río Amazonas

ANDES

AMÉRICA DEL SUR

ANDES

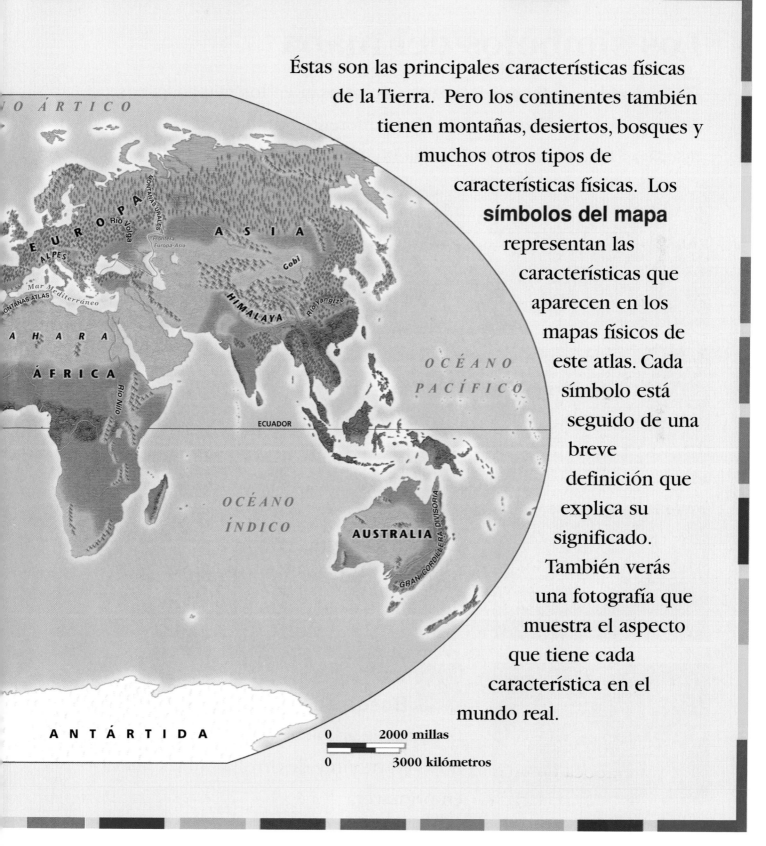

Éstas son las principales características físicas de la Tierra. Pero los continentes también tienen montañas, desiertos, bosques y muchos otros tipos de características físicas. Los **símbolos del mapa** representan las características que aparecen en los mapas físicos de este atlas. Cada símbolo está seguido de una breve definición que explica su significado. También verás una fotografía que muestra el aspecto que tiene cada característica en el mundo real.

OCÉANO ÁRTICO

EUROPA

ASIA

MONTAÑAS URALES

Río Volga

ALPES

Frontera
Europa-Asia

Gobi

Mar Mediterráneo

MONTAÑAS ATLAS

HIMALAYA

Río Yangtze

SAHARA

ÁFRICA

Río Nilo

OCÉANO
PACÍFICO

ECUADOR

OCÉANO
ÍNDICO

AUSTRALIA

GRAN CORDILLERA DIVISORIA

ANTÁRTIDA

0   2000 millas

0   3000 kilómetros

Los símbolos del mapa

Éstos son los símbolos del mapa que se usan en los mapas físicos en este atlas. Cada continente tiene diferentes características físicas, así que cada mapa físico tiene su propia clave.

Montaña

Área que se eleva por lo menos 1,000 pies sobre el terreno que la rodea.

Desierto

Área muy árida que puede ser caliente o fría y estar compuesta de arena o roca.

Bosque de coníferas

Bosques donde los árboles tienen conos de semillas y hojas que parecen agujas.

Bosque de árboles caducifolios

Bosques de árboles que pierden sus hojas en otoño y desarrollan hojas nuevas en primavera.

 Bosque tropical

Bosque de árboles que necesitan mucha lluvia y conservan sus hojas durante todo el año.

 Casquete polar

Grueso manto de hielo permanente que cubre la tierra, como en la Antártida.

 Tundra

Región fría con plantas de poca altura que crecen en los meses templados.

 Tierra pantanosa

Tierra firme cubierta casi por completo de agua, como un pantano o una ciénaga.

 Pastizal

Área que recibe poca lluvia y por eso está cubierta de hierba y muy pocos árboles.

América del Norte

América del Norte tiene forma de triángulo ▼. Es más ancho en el norte. En el sur, se hace cada vez más estrecho hasta convertirse en una franja de tierra tan angosta que un corredor de maratón podría cruzarla en dos horas. Los barcos lo cruzan por el Canal de Panamá. Las templadas islas del Mar Caribe forman parte de América del Norte. Lo mismo que Groenlandia, que se encuentra en el extremo norte. Los siete países que se encuentran entre México y América del Sur conforman la región conocida como América Central. Esta región conecta América del Norte con América del Sur.

¡Kha-hay! Pertenezco a los amerindios cuervo de Montana. Este hermoso valle se localiza en el Parque Nacional Yosemite, en California. Forma parte de la Sierra Nevada. Da vuelta a la página para buscar estas montañas en el mapa.

322

323

América del Norte

Territorio

Regiones de tierra firme Las Montañas Rocosas se extienden al oeste de América del Norte y llegan hasta México. Allí reciben el nombre de Sierra Madre Oriental. Al este se encuentran unas montañas más bajas, llamadas Apalaches. Entre las dos cadenas montañosas hay grandes llanuras de pastizales.

Agua Los ríos más largos son el Mississippi y el Missouri. Los Grandes Lagos son el grupo de lagos de agua dulce más grande del mundo.

Clima En las regiones del norte hace mucho frío. Las temperaturas se vuelven cada vez más templadas hacia el sur. Gran parte de América Central tiene un clima caliente y húmedo.

Plantas América del Norte tiene grandes bosques donde llueve mucho. Los pastizales cubren las áreas más áridas.

Animales Hay una gran variedad de animales, desde osos, alces y lobos hasta monos y loros de brillantes colores.

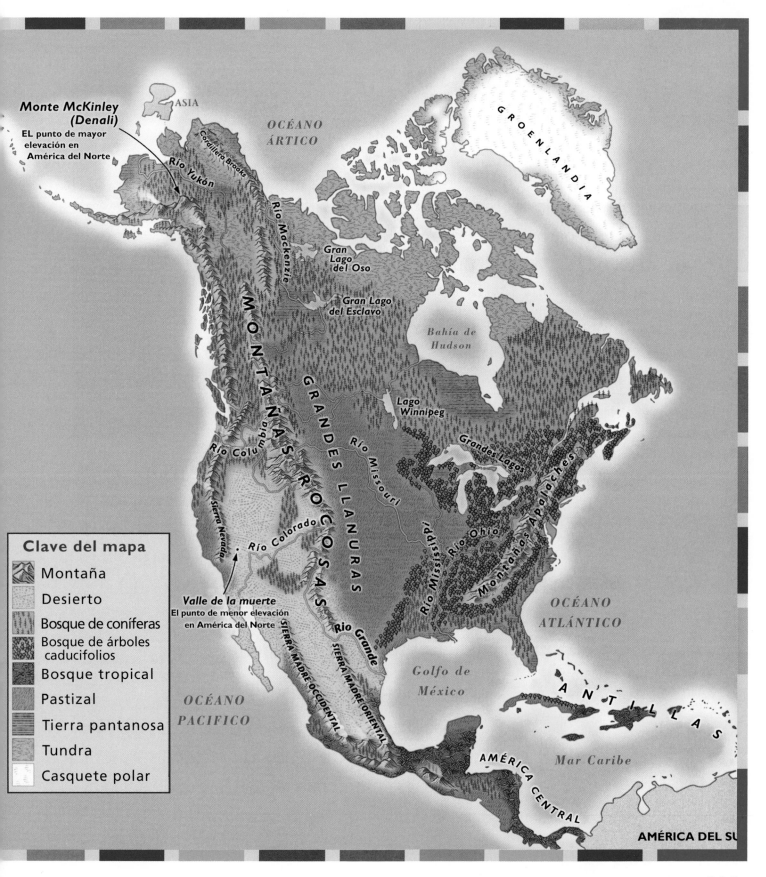

Monte McKinley (Denali)
EL punto de mayor elevación en América del Norte

ASIA

OCÉANO ÁRTICO

GROENLANDIA

Cordillera Brooks

Río Yukón

Río Mackenzie

Gran Lago del Oso

Gran Lago del Esclavo

Bahía de Hudson

M O N T A Ñ A S   R O C O S A S

Lago Winnipeg

G R A N D E S   L L A N U R A S

Río Columbia

Sierra Nevada

Río Colorado

Río Missouri

Grandes Lagos

Río Mississippi

Río Ohio

Montañas Apalaches

OCÉANO ATLÁNTICO

Valle de la muerte
El punto de menor elevación en América del Norte

Río Grande

SIERRA MADRE OCCIDENTAL

SIERRA MADRE ORIENTAL

Golfo de México

A N T I L L A S

OCÉANO PACÍFICO

AMÉRICA CENTRAL

Mar Caribe

AMÉRICA DEL SU

Clave del mapa

- Montaña
- Desierto
- Bosque de coníferas
- Bosque de árboles caducifolios
- Bosque tropical
- Pastizal
- Tierra pantanosa
- Tundra
- Casquete polar

América del Norte

▼ Las palmeras crecen en las arenosas playas de las islas **del Mar Caribe**. En esta parte de América del Norte, el clima es templado durante todo el año.

▲ América del Norte es famosa por sus bosques **de árboles caducifolios**. En otoño, sus hojas adquieren el color del fuego.

◄ Las iguanas que parecen dragones viven en **los bosques tropicales** de México y América Central. Este inofensivo lagarto puede ser tan largo como la pierna de un hombre.

326

▶ La vista desde un avión revela que **Groenlandia** tiene altas montañas y gran cantidad de nieve y hielo.

◀ En un prado próximo a los **Grandes Lagos**, un ciervo de cola blanca acaricia con el hocico a sus crías. Los ciervos viven en casi todos los países del continente.

▲ **Los desiertos** se encuentran en la región sudoeste de América del Norte. La gran formación de rocas que aparece a la derecha se conoce como El Mitón. ¿Adivinas por qué?

América del Norte

Población

Países Canadá, Estados Unidos, México, los países de América Central y las Antillas componen el territorio de América del Norte.

Ciudades La Ciudad de México es la ciudad más grande de América del Norte. Le siguen en tamaño la Ciudad de Nueva York y Los Ángeles. La Habana, Cuba, es la ciudad más grande de las Antillas.

Población Los antepasados de la mayoría de los habitantes de América del Norte eran europeos. Muchos otros pueblos tienen raíces africanas y asiáticas. Los amerindios viven en todo el territorio.

Idiomas Los principales idiomas son inglés y español. Muchos habitantes de Canadá y Haití hablan francés. También hay muchas lenguas amerindias.

Productos Los principales productos de América del Norte incluyen autos, maquinaria, petróleo, gas natural, plata, trigo, maíz, carne de res y productos forestales.

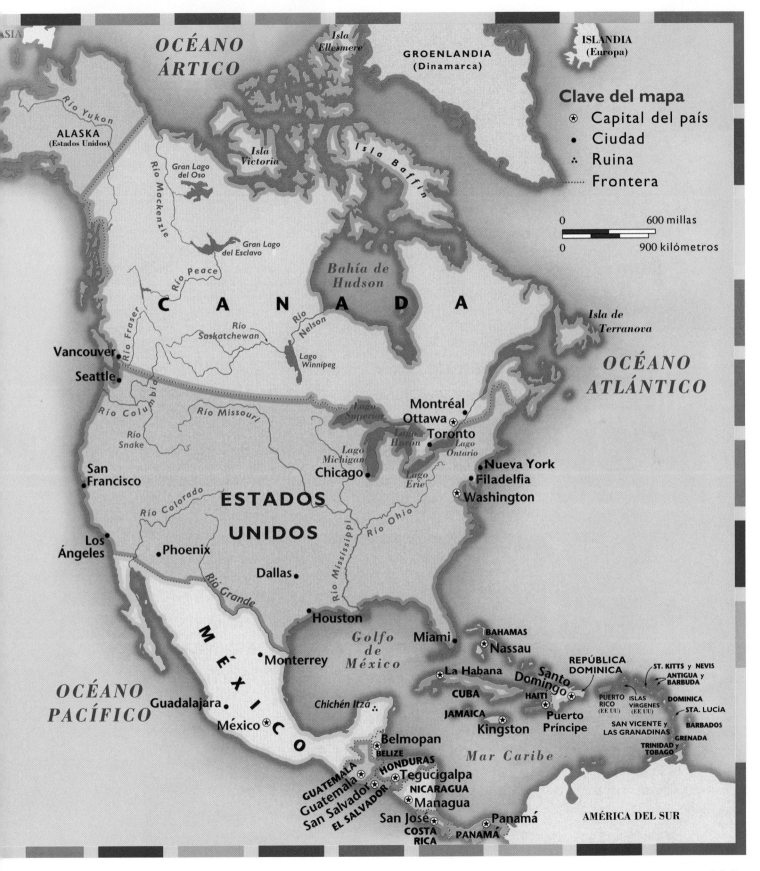

OCÉANO
ÁRTICO

Isla
Ellesmere

GROENLANDIA
(Dinamarca)

ISLANDIA
(Europa)

ASIA

Río Yukon

ALASKA
(Estados Unidos)

Isla
Victoria

Isla Baffin

Clave del mapa

⊛ Capital del país
• Ciudad
∴ Ruina
.... Frontera

Gran Lago
del Oso

Río Mackenzie

Gran Lago
del Esclavo

Río Peace

Bahía de
Hudson

0   600 millas
0   900 kilómetros

C A N A D A

Río
Saskatchewan

Río
Nelson

Isla de
Terranova

OCÉANO
ATLÁNTICO

Río Fraser

Vancouver

Seattle

Lago
Winnipeg

Montréal
Ottawa ⊛
Toronto

Lago
Superior

Río Columbia

Río Missouri

Lago
Huron

Lago
Ontario

Río Snake

San
Francisco

Lago
Michigan

Chicago

Lago
Erie

Nueva York
Filadelfia
⊛ Washington

ESTADOS

UNIDOS

Río Colorado

Río Ohio

Los
Ángeles

Phoenix

Dallas

Río Grande

Río Mississippi

Houston

Golfo
de
México

Miami

BAHAMAS
⊛ Nassau

REPÚBLICA
DOMINICA

ST. KITTS y NEVIS
ANTIGUA y
BARBUDA

M É X I C O

OCÉANO
PACÍFICO

Monterrey

Guadalajara

Chichén Itzá

La Habana

CUBA

Santo
Domingo

HAITÍ

PUERTO
RICO
(EE UU)

ISLAS
VÍRGENES
(EE UU)

DOMINICA

STA. LUCÍA

México

JAMAICA

Kingston

Puerto
Príncipe

SAN VICENTE y
LAS GRANADINAS

BARBADOS

GRENADA

Belmopan
BELICE

Mar Caribe

TRINIDAD y
TOBAGO

GUATEMALA
Guatemala
San Salvador
EL SALVADOR

HONDURAS
Tegucigalpa

NICARAGUA
Managua

San José
COSTA
RICA

Panamá
PANAMÁ

AMÉRICA DEL SUR

América del Norte

▶ El esquí y el salto con esquís son deportes populares en las **Montañas Rocosas**.

◀ Ésta es la **Ciudad de México**. Aquí viven más personas que en cualquier otra ciudad de América del Norte.

▶ Estas bayas rojas contienen granos de café. Muchos agricultores de **Guatemala** se ganan la vida cultivando café.

◀ Esta pirámide en **Chichén Itzá** fue construida por los mayas hace mucho tiempo.

◀ Este niño está vestido de jaguar para una celebración en **México**. Muchas personas admiran al jaguar por su fuerza y valor.

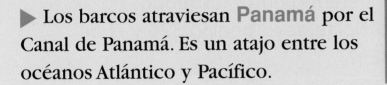

◀ Este agricultor cosecha trigo en una granja de **Canadá**. Canadá y Estados Unidos producen gran parte del trigo que se consume en todo el mundo.

▶ Los barcos atraviesan **Panamá** por el Canal de Panamá. Es un atajo entre los océanos Atlántico y Pacífico.

Reflexionar y responder

1 ¿Qué información te dan los mapas y las fotografías de esta selección?

2 ¿Cómo te ayuda la clave del mapa a leer el mapa?

3 ¿Cuál mapa usarías para mostrar dónde se encuentran los ríos más grandes de América del Norte? ¿Por qué?

4 Si hicieras un mapa de tu escuela, ¿qué **características** incluirías?

5 ¿Qué estrategias usaste para leer palabras largas en esta selección?

Hacer conexiones

Compara textos

1   ¿Por qué crees que esta selección es parte
del tema llamado Vámonos de viaje?

2   ¿Cuál es la diferencia entre los mapas de
América del Norte de la página 325 y el de
la página 329?

3   ¿Cómo te ayudaron las fotografías que
aparecen en "Atlas mundial para
principiantes" a comprender mejor la
información en los mapas?

Haz un glosario

Haz un glosario con
palabras de mapas.
Primero vuelve a leer
la selección. Busca
cinco palabras que
aparezcan en
negrita. Después
escribe cada palabra
y lo que significa.

Glosario

globo terráqueo–un
modelo redondo de
la Tierra.

**CONEXIÓN
con la
Escritura**

Haz un mapa de un salón

Dibuja un mapa de tu salón de clases. Indica la posición de los muebles. Luego haz una clave. Dale un título a tu mapa y compártelo con tus compañeros.

CONEXIÓN con los Estudios sociales

Clave:
escritorio de la maestra
pupitre
mesa
silla

Salón de clases de la Sra. Ruiz

Haz una gráfica

Dibuja un mapa de tu vecindario. Luego haz una gráfica de imágenes que muestre cuántas casas hay en cada calle. Incluye una clave en tu gráfica.

CONEXIÓN con las Matemáticas

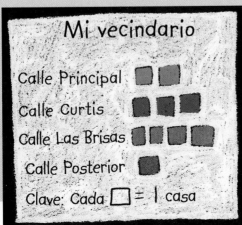

Mi vecindario

Calle Principal
Calle Curtis
Calle Las Brisas
Calle Posterior
Clave: Cada ☐ = 1 casa

Localizar información

Puedes usar la **tabla de contenido** al principio de un libro para ayudarte a encontrar información. Muchas tablas de contenido contienen una lista de **capítulos** con el número de la página en donde empieza cada capítulo.

Mira la siguiente tabla de contenido. ¿Qué información muestra?

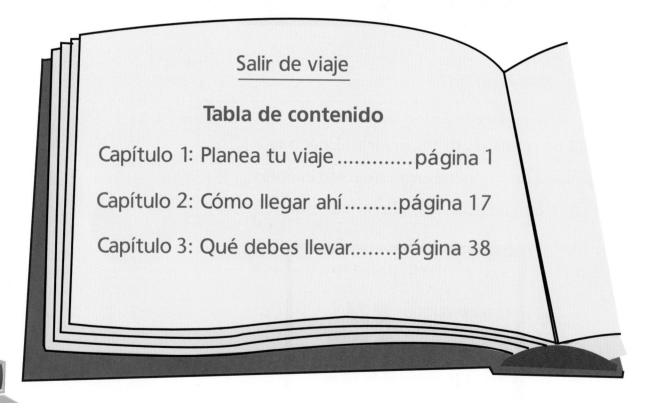

Salir de viaje

Tabla de contenido

Visita *The Learning Site*
www.harcourtschool.com

Ve *Destrezas y Actividades*

Preparación para las pruebas
Localizar información

Lee la siguiente tabla de contenido y contesta las preguntas que aparecen abajo.

1. **¿En qué página empieza la información sobre la seguridad en las bicicletas?**

   ○ página 1
   ○ página 15
   ○ página 27
   ○ página 49

Sugerencia

Usa tu dedo para guiarte mientras lees.

2. **¿Qué capítulo contiene la mayor cantidad de información acerca de los frenos de la bicicleta?**

   ○ Capítulo 1
   ○ Capítulo 2
   ○ Capítulo 4
   ○ Capítulo 5

Sugerencia

Lee el título de cada capítulo. Piensa en la información que puedes encontrar en cada capítulo.

El poder de las palabras

El viaje de los dinosaurios

amigos

equipaje

familiares

grabadora

ligero

¡**H**ola! Soy Amanda, y ésta soy yo con mis papás en el aeropuerto. Mis **amigos** vinieron a despedirme.

Vamos a visitar a tío Daniel, a tía Rosa y a otros **familiares**.

Antes de ir al aeropuerto empaqué **ligero** en una pequeña maleta. Mis papás también empacaron su **equipaje**.

También llevamos regalos para el cumpleaños de tío Víctor. Yo le voy a dar una tarjeta, mi papá un libro y mi mamá una **grabadora** para que escuche su música favorita. ¡Estoy ansiosa por llegar!

CONEXIÓN
Vocabulario-Escritura

Escribe una breve descripción de un viaje que hayas hecho y menciona lo que llevaste en tu **equipaje**.

337

Autora e ilustrador
premiados

por Laurie Krasny Brown
y Marc Brown

EL VIAJE DE LOS DINOSAURIOS

Guía para familias viajeras

HACER UN VIAJE

¿Alguna vez sueñas en poder escalar una montaña,

volar por los aires,

o pasear en una limosina larga por la ciudad?

Cada vez que salgas de casa,
ya sea para viajar

alrededor del mundo

o alrededor de la manzana,
¡prepárate para una
aventura!

Prepárate para un viaje

Los mapas y libros pueden ayudarte a aprender sobre un lugar antes de visitarlo.

Si no puedes llevar a tus mascotas, alguien te las puede cuidar.

Si anotas la dirección de tus familiares y amigos, puedes escribirles durante tu viaje.

Averigua cómo es el clima en el lugar a donde vas y lleva ropa adecuada. Sólo empaca algunos juguetes, juegos, libros y casetes. Siempre es bueno viajar ligero.

Lleva contigo a uno o dos de tus mejores amigos.

¡Y no olvides éstos!

Viajar de un sitio a otro

A dondequiera que vayas, el transporte es parte de la diversión.

A pie

Si caminas, puedes parar a
ver las vitrinas de las tiendas.

También puedes saludar a otros
viajeros en el camino.

Puedes caminar en un sendero
que casi nadie conozca.

¡Y lo único que necesitas es
tu cuerpo!

Sobre ruedas

En bicicleta o patineta llegarás más rápido que a pie. ¡Tú eres el conductor! Debes saber las reglas del camino.

Mantén tu bicicleta o patineta en buenas condiciones para usarla en todo momento.

Sobre ruedas puedes llegar casi a donde quieras.

Tú y tu familia pueden montar en bicicleta juntos.

A veces debes esforzarte para llegar a donde deseas.

¡Pero colina abajo, todo es pura diversión!

347

En auto

Los autos te llevarán por diferentes carreteras. ¡Viajar por autopistas es la forma más rápida!

UNA SOLA VIA

55 MPH MAX

Otros caminos son lentos, pero hay bonitos paisajes.

Si vas en auto, puedes ir a donde quieras con tu familia. ¡Y llevar muchas cosas... si hay espacio!

REPTIL

Mientras viajas, inventa un juego con tu familia. Pueden turnarse para leer los avisos o las placas de otros autos.

De vez en cuando, bajen del auto para estirar las piernas.

Si cambias de asiento, disfrutarás otros paisajes.

Si llevas una grabadora, escucharás tu música favorita.

Montar en metro y en autobús

En algunas ciudades, el transporte subterráneo es la manera más rápida de viajar.

En autobús también puedes recorrer la ciudad. El conductor te dirá cómo se llama cada lugar.

En metro o en autobús, debes pagar antes de montarte.

El metro y el autobús hacen muchas paradas. ¡Recuerda dónde debes bajar!

Tomar el tren

Compra tu boleto en la estación. Mira los anuncios de salidas y llegadas. ¡Todos a bordo! ¡En tren conocerás nuevos lugares!

En los trenes, los asientos están uno frente al otro. Escucha al conductor anunciar las paradas. Consulta los horarios para no perder tu tren.

Los trenes sólo se detienen en las estaciones. Los trenes paran en muchas estaciones para que suban y bajen los pasajeros.

351

Volar en aviones

En el aeropuerto, un agente revisará tu boleto, registrará tu equipaje y te dirá en qué asiento viajarás.

Los oficiales del aeropuerto vigilan que nadie lleve objetos peligrosos o ilegales en el avión.

Puedes llevar contigo una maleta pequeña y ponerla debajo o arriba del asiento. ¡Abrocha tu cinturón!

¡Despegamos!

Cuando el avión se eleva, los objetos que están abajo se ven cada vez más pequeños.

¡Volarás por arríba de las nubes!

De regreso a casa

Cuando llegue el momento de regresar, empaca todas tus cosas. Quizá quieras traer un regalo para alguien especial. Los regalos y las fotos son recuerdos de tu viaje.

En casa, puede que las cosas te parezcan diferentes.

Es agradable regresar a casa y ver de nuevo a tus amigos y familiares.

Reflexionar y responder

1 ¿Por qué es importante recordar ciertas cosas antes y durante un viaje?

2 ¿Cómo te ayudan los títulos a comprender y resumir "El viaje de los dinosaurios"?

3 Si los autores te pidieran que incluyeras una sugerencia para viajar en este libro, ¿qué sugerencia escribirías?

4 ¿A dónde te gustaría ir en un viaje de aventuras? ¿Con cuáles de tus **amigos** te gustaría ir?

5 ¿Qué estrategia usaste para buscar el significado de palabras que no conocías?

Conoce a la autora

Laurie Krasny Brown

Querido lector:

He escrito muchos libros, pero *El viaje de los dinosaurios* es muy especial para mí. Yo escribí la historia y mi esposo, Marc Brown, hizo las ilustraciones.

Antes de escribir un libro, leo todo lo que puedo sobre el tema. Luego hago una lista de lo que pienso incluir. Cuando termino de escribir, busco a alguien que sepa mucho sobre ese tema y le pido que lo lea.

Tu amiga,

Laurie Krasny Brown

Visita **The Learning Site**
www.harcourtschool.com

356

Conoce al ilustrador

Marc Brown

Querido lector:

Muchos niños han visto mis dibujos en las historias de Arturo, pero también me gusta ilustrar libros informativos. He ilustrado varios libros con dinosaurios. Me gusta dibujar dinosaurios porque son animales poderosos y me gusta que mis lectores se sientan poderosos como ellos. Estoy orgulloso de estos libros porque son muy útiles para los niños.

Cuando no trabajo como ilustrador, me gusta trabajar en mi jardín, junto con mi esposa, Laurie. Nos gusta sembrar flores, frutas y verduras.

Tu amigo,

Marc Brown

ESCRIBIR UN DIARIO DE VIAJE

por Joy Beck • ilustrado por Patti H. Goodnow

Los viajes en auto son divertidos, en especial si te mantienes al tanto de las cosas interesantes que puedes ver y hacer, las personas estupendas a las que conoces y todas las cosas nuevas que has aprendido. Sigue estos pasos:

Necesitas:

- un cuaderno nuevo
  (los que tienen espiral son los mejores)
- varios lápices con punta
- cinta adhesiva
- una cámara desechable, económica

Instrucciones:

1. En la primera página debes escribir tu nombre y edad, la fecha del viaje y los nombres de tus compañeros de viaje.

2. Da vuelta a la página. En la página izquierda, escribe: "Fecha", "Hora", "Lugar" y "Clima". En la derecha, escribe: "Lo que ocurrió hoy". Usarás estas dos páginas el *primer* día del viaje.

AUTOPISTA

Las maletas están listas y ¡emprendemos nuestro viaje en auto!

Fecha:
Hora:
Lugar:

Clima:

Lo que ocurrió hoy:

¡Vamos a divertirnos mucho!

Pasamos junto a un alto y reluciente rascacielos ¡y comimos enormes pretzels salados!

Sostuve una tortuga en las manos y vimos un alce junto al lago...

TAMALES

Tocamos un cacto...
...¡Ay!
¡Y comimos chiles muy picantes!

¡Nos divertimos mucho!

Cuaderno de espiral

3. Para el *segundo* día, prepara las dos páginas siguientes de la misma manera.

4. Prepara suficientes páginas de tu diario para todo el viaje. (Si lo haces con suficiente anticipación, será más probable que las llenes después).

Por escrito

Todos los días puedes reunir material para tu diario respondiendo las siguientes preguntas:

- ¿Adónde fuimos?
- ¿Qué vimos?
- ¿Qué hicimos?
- ¿A quién(es) conocimos?
- ¿Cómo fue distinto de cuando estamos en casa?

Recuerda entrevistar a tu familia. ¿Les gustaron las mismas cosas que a ti?

También debes tomar muchas fotografías. Luego, haz una nota en tu diario para recordar qué fotografiaste y por qué.

359

Hacer conexiones

Compara textos

1. ¿Por qué crees que en este tema "Atlas mundial para principiantes" está antes que "El viaje de los dinosaurios"?

2. Piensa en las fotos de "El viaje de los dinosaurios" y "Atlas mundial para principiantes". ¿Cómo te ayudaron a comprender las selecciones?

3. ¿En qué se parece la narración de "El viaje de los dinosaurios" a la de "Hacer un diario de viaje"?

Invitación a viajar

Piensa en alguien a quien te gustaría invitar a tu casa y escribe una breve carta invitando a esa persona. Recuerda incluir todas las partes de una carta.

CONEXIÓN con la Escritura

Detalles del dinosaurio

Busca información sobre los dinosaurios que vivieron hace mucho tiempo. Investiga acerca de uno de estos dinosaurios:

- pterodáctilo
- brontosaurio
- iguanodonte
- tiranosaurio

Después haz un cartel de "Detalles del dinosaurio". Dibuja al dinosaurio que elegiste y escribe datos sobre él. Di en qué era diferente tu dinosaurio de los otros.

Grandes escapadas

En la Tierra hay muchos lugares increíbles para visitar. Mira un mapa y localiza estos lugares increíbles:

- Monte Everest
- el río Nilo
- los Grandes Lagos
- el Gran Cañón

Después comenta con tus compañeros acerca de lo que aprendiste. Nombra el continente en donde se encuentra cada uno de ellos.

361

Palabras con las consonantes x, z

Lee estas oraciones.

Mi tía vive en <u>México</u>.

Todo se iluminó con un rayo de <u>luz</u>.

Lee las palabras subrayadas: *México,* y *luz*. En ocasiones, la consonante "x" tiene el sonido de la "j", como México, por ejemplo. En otras, el sonido es parecido al de la combinación "ks", como en *taxi*. El sonido de la "z" es generalmente igual que el de la "s".

Busca en "El viaje de los dinosaurios" palabras que contengan las consonantes *x* o *z*. Léelas en voz alta y escríbelas en una tabla.

x	z
taxi	rompecabezas

Sugerencias para leer una palabra larga.
- Busca las partes conocidas.
- Divide las palabras en partes.
- Lee cada parte. Luego combina las partes para formar nuevas palabras.

Preparación para las pruebas

Palabras con las consonantes *x*, *z*

Escoge la palabra que contenga la consonante subrayada en la primera palabra.

Ejemplo: **cruz**

○ tos

● luz

○ cima

1. **extraordinario**

○ exhibición

○ espuma

○ especial

2. **zorro**

○ salsa

○ zanahoria

○ cebolla

3. **exacto**

○ colección

○ estupendo

○ exquisito

Sugerencia

Observa la letra subrayada y encuentra la palabra que la contiene.

Sugerencia

Descarta las palabras que no contienen la letra subrayada.

El poder de las palabras

acogedora

deriva

escabulló

flota

inundada

navegaban

Era un día frío, pero Juan y su hermano tenían ganas de salir a jugar, así que se pusieron una chaqueta y abandonaron su **acogedora** casa. Quisieron acariciar al gato del vecino, pero éste se **escabulló** entre los árboles.

Juan y su hermano hicieron barcos de papel. Muy pronto tenían una **flota** completa.

364

Pusieron los barcos en la orilla del lago y vieron cómo, gracias a la brisa, **navegaban** a la **deriva** como si volaran.

De pronto Juan miró su reloj y le dijo a su hermano: —¡Oh no! Me olvidé de cerrar la llave del fregadero. La cocina va a estar **inundada**. ¡Vámonos!

CONEXIÓN
Vocabulario-Escritura

Piensa en algo cálido y **acogedor** y escribe una breve descripción de qué es y sobre cómo te hace sentir.

365

Autor
premiado

Monterino en alta mar

escrito e ilustrado por
John Himmelman

Cerca del mar, vivía un topo en una acogedora madriguera. Se llamaba Monterino y le encantaba su casa porque en las tardes era fresca y en las noches calientita.

Una mañana comenzó a llover ligeramente y al poco rato llovía a cántaros. En la tarde la casa de Monterino estaba inundada, así que tuvo que buscar un lugar seguro para pasar la noche. Nadó y nadó, hasta que observó sobre una roca una casa con una forma muy curiosa. Estaba tan cansado que, una vez que se deslizó en su interior, se quedó profundamente dormido.

Cuando despertó, Monterino se sintió descansado y calentito. Le tomó unos instantes darse cuenta de que había sido...

 ¡arrastrado por el mar!

El pobre Monterino anduvo varios días a la deriva, sin otra cosa para beber que refresco de limón, ni otra cosa para comer que algas marinas.

Todos los días, luego de otear el horizonte, sentía que su soledad y su fastidio iban en aumento.

Entonces, una mañana observó que una silueta oscura nadaba debajo de él. ¡Súbitamente, una gigantesca ballena jorobada lo lanzó  por los aires! Monterino se aferró a la botella mientras ésta se fue llenando lentamente de agua y se hundió.

Pasaba por ahí un pez que, creyendo que se trataba de una sabrosa comida, ¡se tragó la botella con todo y topo! Antes de que Monterino se percatara de lo que estaba ocurriendo, una enorme red atrapó al pez. La botella y Monterino salieron de la boca del pez para luego caer sobre la cubierta de un barco.

Medio aturdido, Monterino miró hacia arriba y encontró a un marinero gigantesco que lo observaba. ¡Llevaba en el brazo un enorme gato! El gato saltó para atraparlo, pero Monterino se escabulló por un agujero.

"Por fin a salvo", pensó.

—Qué ratón tan chistoso —dijo una voz junto a él.

374

Monterino se encontró rodeado de ratones.

—¿Qué andabas haciendo allá afuera?
—preguntó nerviosamente uno de ellos—. ¿Qué no
sabes que Percebes, el gato, quiere eliminarnos?

Monterino empezó a contarles cómo había
llegado al barco. Les relató que había luchado
con mares furiosos, montado en ballenas
gigantescas y peleado contra peces come-topos;
también les contó cómo su barco-botella había
chocado. Y justo cuando les estaba contando el
final de su historia, Monterino se resbaló del estante
en que estaba parado y tiró una caja de cacharros.

Cuando Monterino se levantó, los ratones lo
ovacionaron. Él les había dado una idea. Los
ratones desaparecieron por diferentes rumbos
recogiendo pedazos de tela, fragmentos de todos
tamaños y varios cacharros. Monterino también
se contagió de la alegría de los ratones.

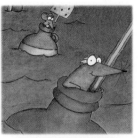

Trabajaron juntos y pronto lanzaron su flota al mar. Los ratones eligieron a Monterino como su capitán, y a medida que navegaban, él empezó a disfrutar del placer de conducir las embarcaciones por entre las olas. Después de varios días, uno de los ratones gritó:

—¡Tierra a la vista!

Una vez que desembarcaron sanos y salvos en la playa, los ratones cargaron a Monterino en hombros y le pidieron que viviera con ellos. Él aceptó gustoso y ese mismo día empezaron a construir sus casas.

A Monterino le encanta su nueva casa porque es fresca en las tardes y calientita en las noches. Además, ahora tiene muchos amigos que son sus vecinos.

Y por si algún día siente el llamado de alta mar,
todavía conserva su botella y su vela.

Reflexionar y responder

1. ¿Qué le sucedió a Monterino mientras **navegaba** en alta mar?

2. ¿Por qué es importante el escenario en el cuento?

3. ¿Por qué crees que el autor hizo que Monterino se encontrara con los ratones en el barco?

4. ¿Cuál parte de la aventura de Monterino te gustó más?

5. ¿Qué estrategias te ayudaron a leer este cuento?

John Himmelman

John Himmelman toma las ideas para escribir sus cuentos de los personajes que dibuja, tal como el caso de Monterino. Las ilustraciones lo ayudan a decidir qué hará el personaje en el cuento. —Sé que un cuento es simplemente un cuento, pero para mí los personajes cobran vida, —dice. Ha escrito e ilustrado muchos libros infantiles, y aún le sorprenden sus cuentos. —En general, no me imagino cómo va a terminar un cuento hasta que estoy en la penúltima hoja—. Cuando no trabaja en sus libros infantiles, le gusta tocar la guitarra.

Visita *The Learning Site*
www.harcourtschool.com

Hacer conexiones

Compara textos

1 ¿Por qué crees que "Monterino en alta mar" está en el mismo tema que "Abuela"?

2 Piensa en el escenario al principio y al final del cuento. ¿En qué se parecen y en qué se diferencian esos escenarios?

3 Si Monterino decide viajar otra vez en alta mar, ¿qué partes crees que debe leer de "El viaje de los dinosaurios"? ¿Por qué?

Escribe una carta

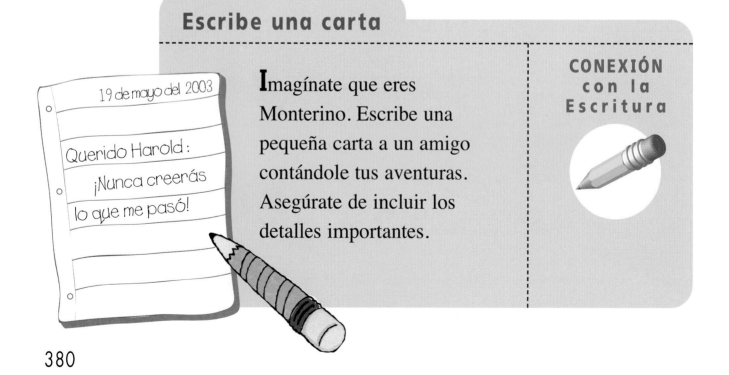

19 de mayo del 2003

Querido Harold:
¡Nunca creerás lo que me pasó!

Imagínate que eres Monterino. Escribe una pequeña carta a un amigo contándole tus aventuras. Asegúrate de incluir los detalles importantes.

CONEXIÓN con la Escritura

Botellas musicales

CONEXIÓN con las Ciencias

Llena cinco botellas con diferentes cantidades de agua. Golpea suavemente cada botella con un lápiz y escucha qué tan alto o bajo es el sonido, o sea el tono. Coloca las botellas en orden del tono más alto al más bajo. ¿Qué hace que suenen en un mayor o menor tono?

Encuentra los grandes mares

CONEXIÓN con los Estudios sociales

Mira un mapamundi y encuentra los nombres de los cuatro océanos. Escríbelos. Luego mira los nombres de los tres océanos que tocan Norte América y enciérralos en un círculo en tu lista.

Homófonos

Homófonos son palabras que suenan igual pero se escriben diferente. También tienen significados diferentes.

Ayer aprendí a **coser** un botón.

Pon a **cocer** las papas antes de comértelas.

Las camisas del uniforme son **rayadas.**

La ensalada puede llevar zanahorias **ralladas**.

Mi **casa** tiene ventanas muy grandes.

La **caza** de búfalos está prohibida.

¿Puedes completar la oración con la palabra correcta?

hasta	asta

La bandera está a media _____.

Preparación para las pruebas

Homófonas

Elige la palabra correcta para completar cada oración.

1. No debes _____ la basura por la
   ventana de tu auto.
   - ○ votar
   - ○ botar

2. El ciempiés tiene como _____ pies.
   - ○ cien
   - ○ sien

3. Mi primo _____
   lo que busca.
   - ○ haya
   - ○ halla

Sugerencia

Trata de visualizar la respuesta correcta en tu mente.

4. _____ es un gran
   continente.
   - ○ Asia
   - ○ Hacia

El poder de las palabras

aterrizaje

espectadores

heroína

hospitalidad

negado

proeza

Ésta soy yo, Dana. Fui con mi familia a ver un espectáculo en el aire.

Estuvimos parados en el campo junto con otros **espectadores** viendo el espectáculo. También vimos un **aterrizaje** forzoso. ¡Ésa fue una **proeza** increíble del piloto!

Compré una postal de Amelia Earhart. Ella fue una **heroína** de la aviación, ¡y la primera mujer que atravesó el océano Atlántico volando sola!

Mi hermanito, que en la mañana se había **negado** a acompañarnos, no quería regresar a casa cuando terminó el espectáculo.

De regreso pasamos a visitar a mi tía Lucy. Nos dio galletas y leche y le agradecimos su **hospitalidad**.

CONEXIÓN
Vocabulario-Escritura

Piensa en una ocasión cuando hiciste algo que no creías que podías hacer. Escribe un párrafo acerca de tu **proeza**.

RUTH LAW

Texto e ilustraciones
por Don Brown

ASOMBRA AL PAÍS

El 19 de noviembre de 1916, Ruth Law se aventuró a volar de Chicago a la ciudad de Nueva York en un solo día.

Era algo que nadie había intentado antes.

Esa mañana había escarcha y soplaba un viento helado. Ruth se levantó antes del amanecer pero no sentía el frío. Para habituarse a las bajas temperaturas había dormido en una tienda de campaña en la azotea de un hotel de Chicago.

Se vistió con dos pantalones y un par de camisas,
todo de lana.

Después se puso dos trajes de cuero y cubrió su abultada
vestimenta con una falda.

En 1916, una dama educada *siempre* usaba falda.

Todavía estaba oscuro cuando Ruth se dirigió al parque Grant, a las orillas del lago Michigan, donde la esperaba su avión. Era el pequeño aeroplano que piloteaba en los vuelos de exhibición, al que ella llamaba maquinita. Era pequeño y antiguo, aunque servía bien para realizar acrobacias como la de hacer el rizo. Ruth intentó comprar un modelo más grande y más reciente para este largo viaje, pero el fabricante, el señor Curtiss, se había negado a venderle uno. Y es que el señor Curtiss no creía que una mujer pudiera volar un aeroplano grande. Además, cientos de pilotos se habían accidentado o muerto tratando de realizar ese vuelo.

La noche anterior, los mecánicos trabajaron en el avión. Colocaron un parabrisas especial para proteger a Ruth del viento helado y añadieron otro tanque de gasolina para que no tuviera que detenerse por combustible más de una vez. En los dos tanques podía llevar cincuenta y tres galones de gasolina, pero con este arreglo el avión pesaba mucho. Para aligerarlo un poco, los mecánicos le quitaron los faros al avión. Sin ellos, Ruth debería llegar a la ciudad de Nueva York antes de que oscureciera.

Ese día la temperatura bajo cero dificultó el arranque del motor. Por eso, pasó más de una hora para que Ruth pudiera despegar.

A las 7:20 a.m. subió a la cabina. Se quitó la falda y la metió debajo del asiento: el sentido común vencía a la moda.

Aceleró y el avión avanzó dando tumbos entre bordos y hoyos. Recorrió el terreno con dificultad y después se elevó.

El viento soplaba fuertemente en Chicago y zarandeaba el pequeño aeroplano.

Una docena de espectadores lo observaba con temor.

Se escuchó el grito de un mecánico.

Ruth se esforzaba por estabilizar el avión, mientras éste subía y bajaba contra el viento.

Finalmente, voló casi al ras de las azoteas de los edificios y luego subió lentamente sobre Chicago, en camino a la ciudad de Nueva York.

Volando a una altitud de una milla, Ruth cruzaba el viento invernal a una velocidad de cien millas por hora. Se había puesto en marcha después de consultar los mapas que había pegado a su pierna. Llevaba también una brújula, un reloj y un velocímetro.

Ruth voló durante casi seis horas. Confiaba en que el viento la ayudaría a llegar a la ciudad de Nueva York. Pero éste disminuyó y lo único que impulsaba al avión era la gasolina.

Hacia las 2:00 p.m., hora del este, Ruth se acercó a Hornell, Nueva York, donde la esperaba un grupo de gente que la apoyaba.

En ese momento el motor se detuvo.

El tanque de gasolina estaba vacío y todavía faltaban dos millas para llegar a Hornell.

El avión se inclinó un poco y bajó en picada. Ruth tenía sólo una oportunidad de hacer un aterrizaje seguro.

Trató de controlar el timón. Los campos parecían venírsele encima. La multitud de espectadores invadió la pista. El avión pasó justo encima de sus cabezas.

Y Ruth aterrizó.

Tenía tanto frío y tanta hambre que tuvieron que ayudarla a llegar hasta un coche que estaba cerca. Mientras llenaban los tanques de gasolina del avión, la llevaron a un restaurante para desayunar huevos revueltos y café.

Hasta ese momento había volado 590 millas sin escalas. Había establecido una marca. Ningún otro piloto en Estados Unidos había recorrido una distancia mayor.

Pero el vuelo de Ruth aún no había terminado.

A las 3:24 p.m., Ruth se puso de nuevo en camino hacia la ciudad de Nueva York.

Durante todo el día, los diarios informaron del vuelo de Ruth. Una multitud se reunió en Binghamton, Nueva York, con la esperanza de verla pasar, y no se quedaron con las ganas. Primero se veía como un puntito en el cielo, pero muy pronto se apreciaba su figura bien definida con el sol del atardecer.

De repente el aeroplano descendió bruscamente y
desapareció detrás de unos árboles.

—¡Se cayó! ¡Algo se descompuso!

Nada se había descompuesto. Ruth había decidido aterrizar,
pues la ciudad de Nueva York quedaba todavía a dos horas
de distancia y le sería imposible ver los instrumentos en la
oscuridad. Amarró el avión a un árbol, se puso la falda y
aceptó la hospitalidad de la gente del lugar.

A la mañana siguiente, Ruth voló a la ciudad de Nueva York.

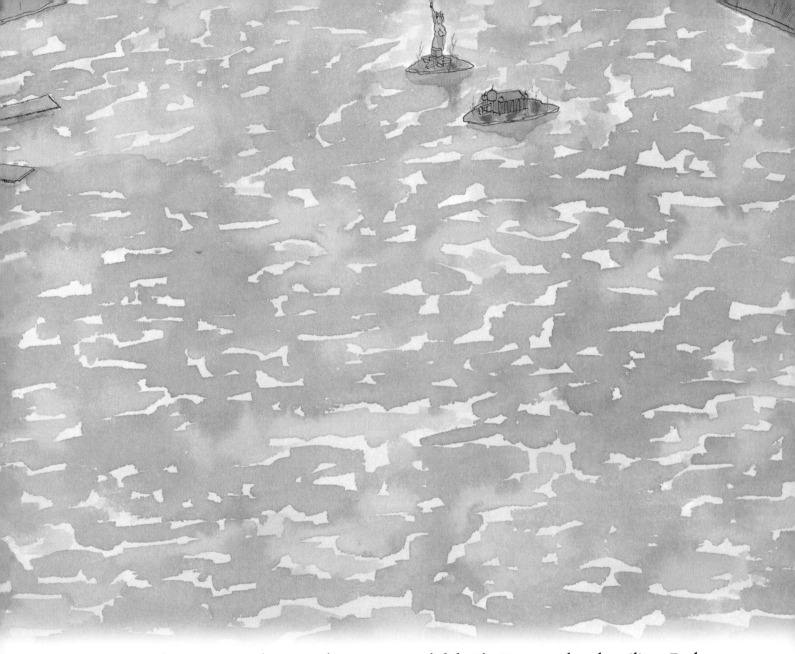

Al aterrizar, ya la esperaban un general del ejército y una banda militar. Ruth se había convertido en heroína. —¡Usted los superó a todos! —dijo el general mientras le estrechaba la mano.

Los diarios publicaron su proeza.

El presidente Woodrow Wilson dijo que era una persona admirable.

Y se ofreció un gran banquete en su honor.

El 19 de noviembre de 1916, Ruth Law fracasó en su intento de volar de Chicago a Nueva York en un solo día. Aun así, en Estados Unidos logró establecer una marca en vuelos sin escala: 590 millas. De esta forma asombró al país.

Su marca se mantuvo durante un año. Fue superada por Katherine Stinson, otra aviadora que se atrevió a intentarlo.

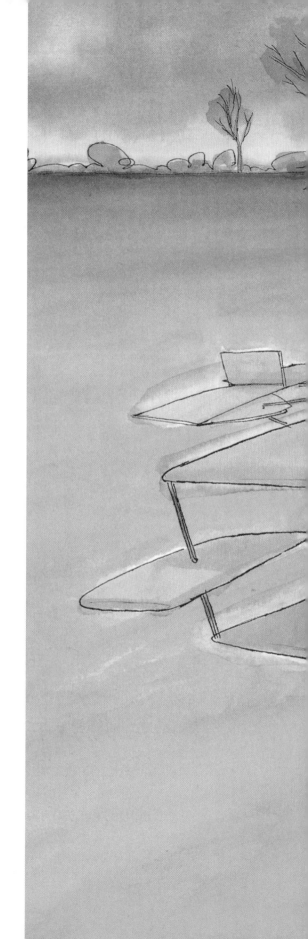

Reflexionar y responder

1. ¿De qué manera asombró Ruth Law al país?

2. ¿Por qué crees que el autor contó los eventos en secuencia?

3. ¿Por qué crees que el autor quiso contar de la **proeza** que Ruth Law hizo?

4. ¿Cómo crees que se sentiría ser miembro del equipo de vuelo de Ruth Law?

5. ¿Qué estrategias usaste para leer este cuento?

Visita *The Learning Site*
www.harcourtschool.com

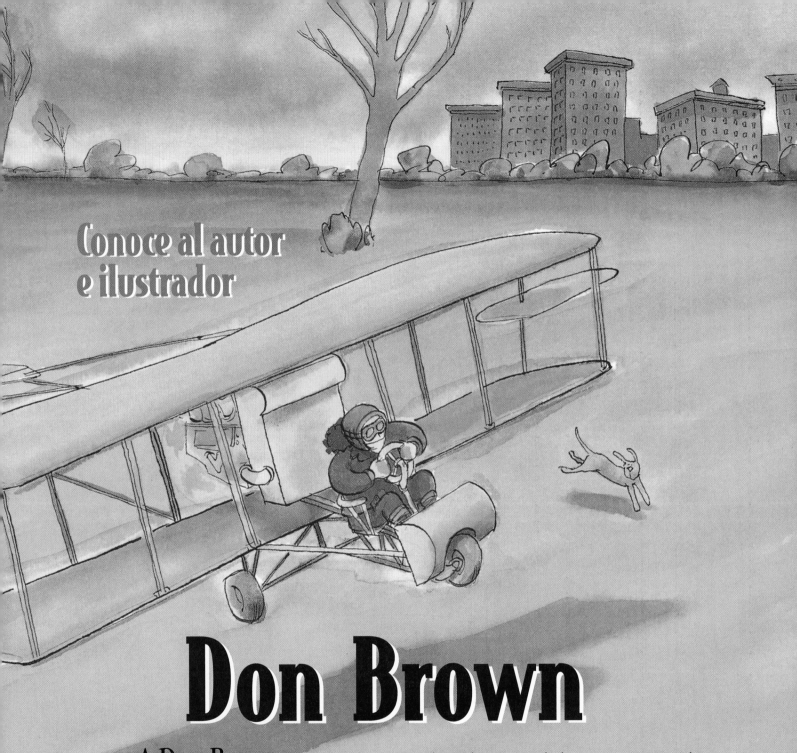

Don Brown

A Don Brown le encanta leer y escribir sobre temas de historia. Se interesó en los primeros aviadores cuando escribía un artículo acerca de la aviación para una revista. No quería que la gente olvidara a aquellos arriesgados pilotos, como Ruth Law. Este es su primer libro para niños.

LA ÚLTIMA SONRISA

Todos se rieron cuando les dije
lo que quería ser:

una astronauta
para flotar libre en el espacio.

Sin embargo, nadie se rió
cuando un día me vieron
en la televisión
caminando sobre Marte.

por *Lee Bennett Hopkins*
ilustrado por *Nancy Coffelt*

404

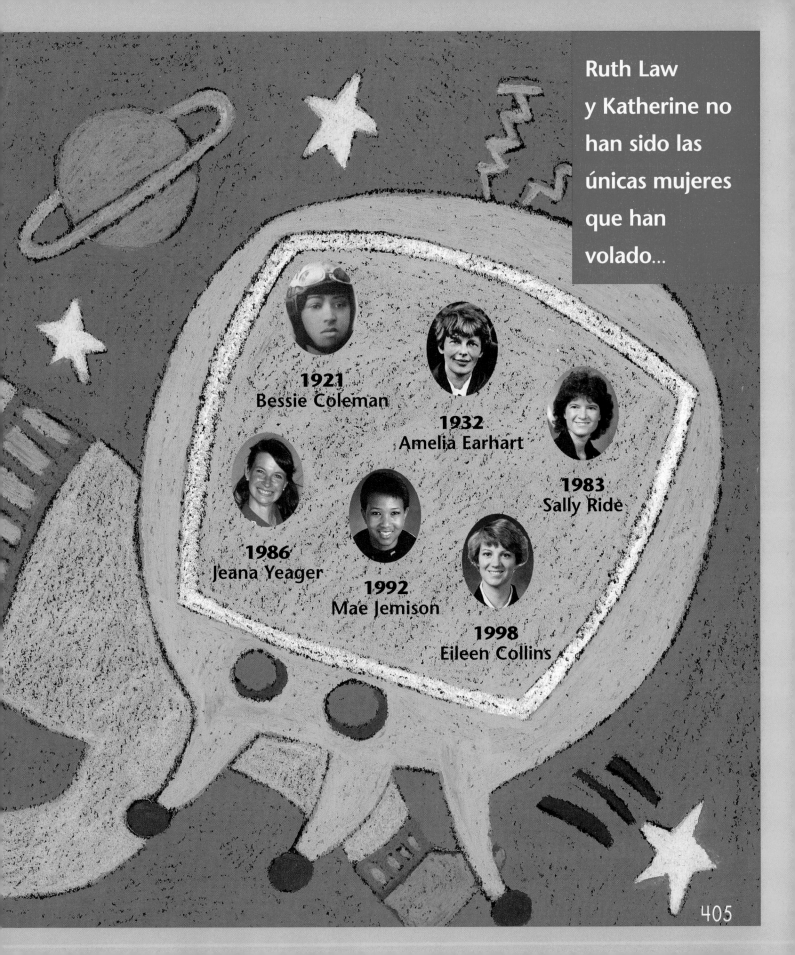

Ruth Law
y Katherine no
han sido las
únicas mujeres
que han
volado...

1921
Bessie Coleman

1932
Amelia Earhart

1983
Sally Ride

1986
Jeana Yeager

1992
Mae Jemison

1998
Eileen Collins

405

Hacer conexiones

Compara textos

1 ¿Por qué piensas que "Ruth Law asombra al país" es parte del tema llamado Vámonos de viaje?

2 ¿Cómo podría Don Brown usar el "Atlas mundial para principiantes" para dar más información acerca del vuelo de Ruth Law?

3 Piensa en el narrador del poema "La última sonrisa". ¿En qué se parece y en qué es diferente a Ruth Law?

Entrada en un diario

19 de noviembre de 1916

¡Estoy agotada! Hoy tuve un día de vuelo largo y frío.

Imagínate que eres Ruth Law y aterrizaste en Binghamton para pasar la noche. Escribe un relato corto en tu diario sobre lo que ha sido tu viaje hasta ahora. Cuenta cómo se siente volar a través del país.

CONEXIÓN con la Escritura

Carreras de aviones

Haz un avión de papel. Luego ve afuera con tu maestra y tus compañeros. Tira el avión y usa una regla o una cinta métrica para saber qué tan lejos llegó. Con tus compañeros de clase haz una tabla para comparar las distancias.

Nombre	Distancia
Ema	37 pulgadas
Daniel	42 pulgadas
Luis	55 pulgadas

Mapa de la ruta de Ruth

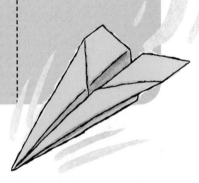

Observa un mapa de Estados Unidos. Traza el viaje de Ruth Law desde Chicago hasta la ciudad de Nueva York. ¿Sobre qué estados debió haber volado? Piensa en dos posibles rutas y después elige la mejor. Comparte tu plan de vuelo con tus compañeros.

Hacer predicciones

Ruth Law asombra al país

Los detalles de una historia son como pistas en un misterio. Puedes usarlos para imaginarte qué va a suceder después. Cuando usas pistas para imaginarte qué va a suceder, estás haciendo una **predicción**.

Mira la tabla y lee cada pista. Luego trata de predecir qué pasará después.

Pista #1	Pista #2	Predicción
Un amigo de Rosa le contó acerca del museo de la aviación.	Rosa busca la dirección del museo de la aviación.	*Rosa visitará el museo de la aviación.*
La maestra de Max le pidió que escribiera un reporte de un libro.	Max lee un libro sobre Amelia Earhart.	
Roco empaca para viajar a casa de su tío.	Roco toma un avión.	

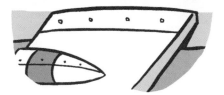

Visita *The Learning Site*
www.harcourtschool.com

Ve Destrezas y Actividades

408

Preparación para las pruebas

Hacer predicciones

Lee la historia y después contesta las preguntas.

El avión de Nora

Nora compró en la tienda un modelo de avión para armar. Sacó de la caja las piezas. Luego leyó las instrucciones y con mucho cuidado pegó todas las piezas. Cuando el modelo estuvo terminado lo pintó. El avión relucía bajo la luz.

1. **¿Cuál de las siguientes oraciones quedaría mejor al final del párrafo?**
   - ○ Sonrió frente a su avión nuevo.
   - ○ Se sintió triste y enojada por el color.
   - ○ Estaba orgullosa de su modelo de un auto.

Sugerencia

Lee el párrafo y añade al final cada una de las oraciones posibles. Elige la que se oiga mejor.

2. **Lo que Nora hará a continuación será____.**
   - ○ botar el avión
   - ○ colgar el avión en su cuarto
   - ○ desbaratar el avión

Sugerencia

Lee todas las opciones y elige la que tenga sentido.

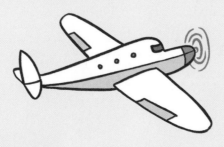

Manual del escritor

Contenido

Propósito para escribir

Existen numerosos propósitos diferentes para escribir. Las personas pueden escribir para ofrecer información, para entretener, para dar una opinión o para expresar ideas.

Algunos propósitos para escribir	Ejemplos
dar información	• párrafo de instrucciones • informe de investigación
entretener	• cuento divertido • poema
dar una opinión	• cartel para persuadir • reseña de un libro
expresar ideas	• anotación en el diario • carta

Inténtalo

¿Cuál sería el propósito de escribir un párrafo sobre los tipos de gatos que existen?

411

El proceso de escritura

Cuando te sientes a escribir, usa un plan que te ayude. Piensa sobre *qué* quieres escribir, para *quién* estás escribiendo, y *por qué* estás escribiendo. Luego, usa estos pasos como ayuda mientras escribes.

Antes de escribir

Planea lo que vas a escribir. Elige el tema y organiza la información.

Hacer el borrador

Escribe tus ideas en oraciones y párrafos. No te preocupes de los errores.

Revisar

Lee lo que has escrito. Añade ideas y detalles importantes que dejaste fuera. Asegúrate de que la información esté en un orden que tenga sentido.

Corregir

Revisa los errores. Corrige los errores en letras mayúsculas, revisa la puntuación y la ortografía.

Publicar

Elige la forma de mostrar tu escrito. Puedes añadir fotos, gráficos o tablas.

Inténtalo

En tu diario, haz una lista de los cinco pasos para escribir. Haz un dibujo con cinco partes que te ayuden a recordar cada paso.

Cómo obtener ideas

Los escritores encuentran los **temas**, o ideas, para escribir de muchas formas. Una manera es hacer **una lluvia de ideas**. En una lluvia de ideas, haces una lista de todas las ideas que te vienen a la mente. Ésta es una lista de ideas para un cuento sobre "jugar".

Los escritores también generan ideas usando una **red de palabras.**

Los escritores se hacen **preguntas** para buscar ideas para sus historias. Ellos escriben varias preguntas y luego buscan sus respuestas antes de empezar a escribir. Estas preguntas son para un informe de investigación.

Camiones que nos ayudan

¿Qué tipos de camiones utiliza la gente en sus trabajos?

¿Qué hacen estos camiones?

Otra manera de encontrar ideas es escribir en tu **diario**. Puedes hacer una lista de cosas interesantes para escribir luego sobre ellas.

2 de septiembre del 2003

Hoy tuve mi primera lección de piano. Estaba nervioso. Pero, ¡me encanta tocar! La media hora se fue volando. Mi maestro me dijo que lo había hecho muy bien.

Inténtalo

Piensa en un animal sobre el que te gustaría escribir. Genera ideas y haz una lista de palabras que hablen sobre él.

Diccionario

Un **diccionario** es un libro que ofrece el significado de las palabras. También puede dar un ejemplo de cómo se usa la palabra. Detrás del ejemplo de oración puede venir un **sinónimo**, o palabra que tiene el mismo significado. Las palabras aparecen en orden alfabético. Si una palabra tiene más de un significado, cada significado tiene un número.

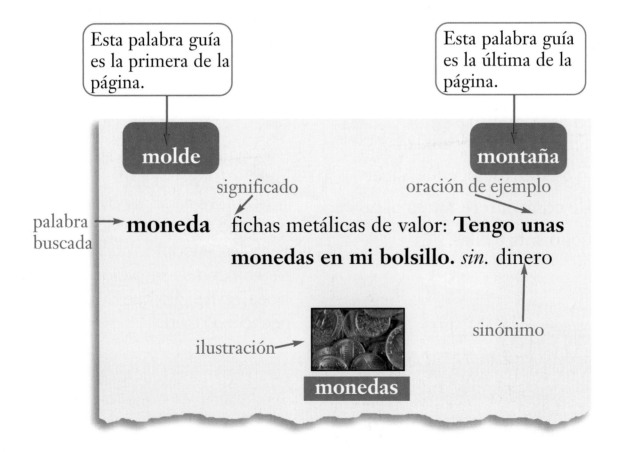

Esta palabra guía es la primera de la página.

Esta palabra guía es la última de la página.

molde

montaña

significado

oración de ejemplo

palabra buscada → **moneda** fichas metálicas de valor: **Tengo unas monedas en mi bolsillo.** *sin.* dinero

ilustración

sinónimo

monedas

Diccionario de sinónimos

Un **diccionario de sinónimos** es una lista de palabras y sus sinónimos. A veces un diccionario de sinónimos también incluye los antónimos. Un **antónimo** es una palabra que significa lo contrario. Un buen momento para usar el diccionario de sinónimos es cuando buscas una palabra más interesante o más exacta.

gramática

palabra guía

granizo

palabra buscada → **grande** de gran tamaño

Ese oso es **grande.** ← oración de ejemplo

sinónimos → gigante enorme largo

CONTRARIO: poco, pequeño, diminuto

antónimos

Inténtalo

Elige una palabra y búscala en el diccionario y en el diccionario de sinónimos. ¿Qué cosas coinciden en los dos libros? ¿Cuáles son diferentes?

Atlas

Un **atlas** es un libro de mapas. Un atlas de Estados Unidos contiene los mapas de todos los estados. Los mapas muestran las ciudades, los mares, lagos, ríos y las montañas. A veces los mapas muestran dónde se producen los principales productos. Busca el mapa que necesites en el Contenido o en el Índice de un atlas.

Mapa de la Florida

Periódico

Un **periódico** trae las noticias. Habla de lo que sucede en tu ciudad y en el mundo.

Un periódico habla sobre muchos temas. Puede hablar de los acontecimientos en la vecindad, de los deportes, del arte, de los negocios y del tiempo. Los artículos de periódico dicen *quién, qué, dónde, cuándo, por qué* y *cómo.*

Revista

Una **revista** brinda información a través de reportajes e imágenes. Las revistas, por lo general, salen una vez a la semana o una vez al mes.

Las revistas pueden tratar sobre un tema principal, tales como la ciencia, el patinaje, el béisbol o las colecciones de muchos tipos de cosas. Algunas revistas están dirigidas a ciertos grupos de personas, como los niños, los padres o las personas mayores.

Inténtalo

Busca un artículo en el periódico sobre un lugar. Busca ese lugar en un atlas. ¿Qué dice el atlas sobre ese lugar?

Partes de un libro

La mayoría de los libros tienen páginas especiales que ofrecen información sobre lo que está dentro. El **contenido** muestra los capítulos al principio de un libro. También da el número de la página donde comienza cada capítulo.

El **glosario** da los significados de las palabras importantes al final del libro.

El **índice** lista los temas al final del libro. Los temas aparecen por orden alfabético. El índice da los números de las páginas donde se pueden encontrar esos temas.

Contenido

Índice

Usar la computadora

Una computadora puede ayudarte de muchas maneras mientras escribes. Puedes usar el **Corrector ortográfico** para encontrar y corregir las palabras que estén mal escritas.

Existen programas para corregir la ortografía en español. A veces, los propios programas en inglés incluyen una opción para el español.

Puedes usar un **buscador** para encontrar información. Una **palabra clave** dice cuál es tu tema. Escribe una **palabra clave** y haz clic en Ir (*Go*).

También puedes usar una computadora para recibir y enviar **correos electrónicos**. Para enviar un correo electrónico necesitas la dirección electrónica de esa persona.

Inténtalo

Busca un libro sobre tu deporte favorito. Mira la tabla de contenido. Elige un capítulo que te interese y lee un poco. Luego, usa un procesador de texto y escribe un párrafo corto sobre lo que leíste.

El cuento

Un cuento tiene **principio**, **desarrollo** y **desenlace**.
Un buen cuento tiene personajes bien definidos, un
escenario y un problema a resolver.

Un **mapa del cuento** es un cuadro que muestra las
partes de la historia. Para planear sus cuentos durante
la fase de preparación para la escritura, los escritores
usan mapas del cuento. El escritor responde a las
preguntas en cada parte del mapa del cuento.

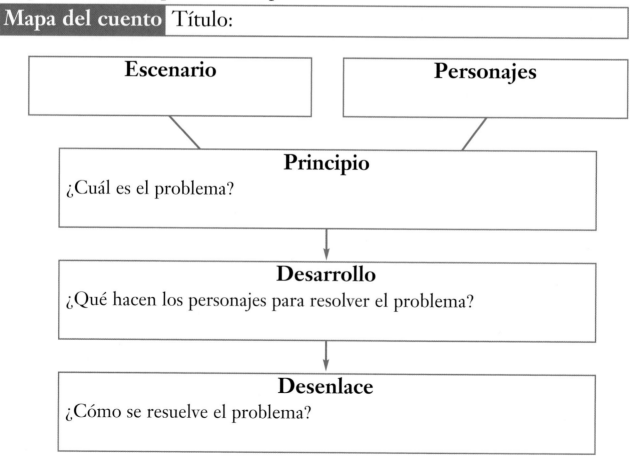

Mapa del cuento Título:

Escenario

Personajes

Principio
¿Cuál es el problema?

Desarrollo
¿Qué hacen los personajes para resolver el problema?

Desenlace
¿Cómo se resuelve el problema?

Un **cuadro de secuencia** es otra manera de organizar un cuento. Los escritores suelen usar cuadros de secuencias para escribir historias personales. En un cuento personal, un escritor habla sobre algo que le pasó en su vida.

En un cuadro de secuencia, el escritor responde las preguntas sobre qué ocurre **primero, después** y al **final** en un cuento personal.

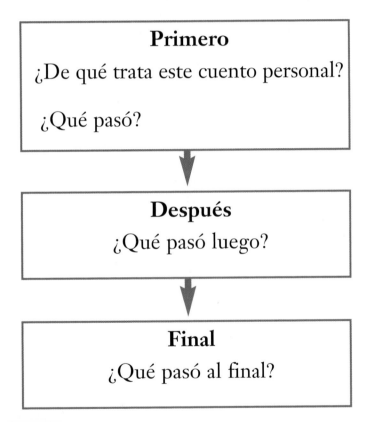

Primero

¿De qué trata este cuento personal?

¿Qué pasó?

Después

¿Qué pasó luego?

Final

¿Qué pasó al final?

Inténtalo

Piensa en un cuento que conozcas. Haz un mapa del cuento para mostrar sus partes.

Tomar apuntes

En un **informe de investigación,** un escritor da información sobre un tema. Para encontrar información para un informe puedes escribir preguntas en una **tarjeta.** Luego, busca en una computadora y en la biblioteca para encontrar las respuestas. Escribe las respuestas en tus tarjetas.

¿Cuándo vivieron los dinosaurios?

- El último dinosaurio murió hace unos 65 millones de años.

- El primer dinosaurio vivió hace unos 245 millones de años.

- Nadie sabe con certeza por qué murieron.

Coloca tus tarjetas de notas en un orden que tenga sentido. Luego, usa las tarjetas para escribir un esquema. Un **esquema** muestra el orden de las **ideas principales** y los **detalles** en un escrito.

Esquema sobre los Dinosaurios.

1. ¿Cuándo vivieron los dinosaurios?
   a. último dinosaurio, hace 65 millones de años
   b. primer dinosaurio, hace 245 millones de años
   c. nadie sabe por qué murieron.
2. ¿Qué tipo de dinosaurios existían?
   a. Tiranosauro rex
   b. Estegosauro
   c. Trudon

Usa tu esquema para organizar el informe. Las preguntas se convierten en las **ideas principales.** Escribe un párrafo sobre cada idea principal. Las respuestas encontradas son los **detalles** sobre las ideas principales.

Dinosaurios

Los dinosaurios vivieron hace millones de años.

Los primeros dinosaurios vivieron hace unos 245 millones de años. El último dinosaurio murió alrededor de 65 millones de años atrás. Nadie sabe con certeza qué les pasó.

Muchas clases de dinosaurios vagaron por la Tierra. El tiranosauro rex era grande y feroz y pesaba más de 1,400 libras. El estegosauro tenía escamas óseas en el lomo. El trudon pesaba menos de 100 libras, pero algunos científicos piensan que era uno de los dinosaurios más inteligentes.

Inténtalo

Piensa en lo que haces una mañana durante el fin de semana. Toma apuntes sobre lo que haces, y escribe un esquema.

Características de la buena escritura

Todos los buenos escritores se hacen preguntas como éstas sobre lo que escriben.

Enfoque/Ideas

- ¿Es mi mensaje claro e interesante?
- ¿Tengo suficiente información?

Organización

- ¿Tengo un buen principio y un buen final?
- ¿Está la información o mi cuento en el orden correcto?

Desarrollo

- ¿Tiene una idea principal cada uno de mis párrafos?
- ¿Incluyo detalles importantes en mis párrafos?

Voz personal

- ¿Tiene mi propia voz?
- ¿Digo de manera interesante lo que pienso o siento?

Selección de palabras

- ¿Tienen sentido mis palabras?
- ¿Uso palabras interesantes?

Oraciones

- ¿Comienzo mis oraciones de manera diferente?
- ¿Suena mi escritura agradable cuando la leo en voz alta?

Convenciones

- ¿Tienen sangría mis párrafos?
- ¿Son correctos la ortografía, los signos de puntuación y las mayúsculas?

Los escritores usan **signos de edición** como éstos para **revisar y corregir** su escritura.

Marcas editoriales

∧	Añadir	⌴	Corregir la ortografía
⋏	Cambiar	∧	Añadir coma
ℰ	Quitar	ᵛ"ᵛ"	Añadir comillas
≡	Usar mayúscula	⌴↵	Mover
⊙	Añadir punto		

Inténtalo

Lee un cuento con un compañero. Habla sobre las características de la buena escritura que encuentras en el cuento.

Usar criterios de evaluación

Los **criterios de evaluación** son una lista de verificación que puedes usar para mejorar tu escritura. Así es como puedes usar los criterios de evaluación:

Antes de escribir Mira la lista de verificación para saber lo que deberá tener tu escrito.

Durante la escritura Revisa tu borrador contra la lista. Usa la lista para mejorar tu escritura.

Después de escribir Cuando tengas tu borrador revisa tu trabajo terminado contra la lista. ¿Muestra tu borrador todos los puntos?

Tu mejor calificación

- Tu escrito está enfocado.
- Escribes sobre tus ideas en un orden que tiene sentido.
- Ofreces detalles importantes sobre la idea principal.
- Tu escrito tiene tu estilo personal.
- Usas palabras claras.
- Tus oraciones tienen comienzos diferentes y se enlazan bien.
- Tu escrito tiene pocos o ningún error en la puntuación, el uso de mayúsculas o la gramática.

Conferencias con los compañeros

Después de haber escrito tu primer **borrador,** estás listo para **revisar** tu escrito. Un compañero de clases puede ayudarte. Sigue estos pasos para tener una **conferencia** con tus compañeros.

Revisar tu borrador

1. Lee tu primer borrador en voz alta. Luego deja que tu compañero lo lea en silencio.

2. Habla con tu compañero sobre las maneras de mejorar tu borrador.

3. Toma notas sobre los cambios que necesites hacer.

Revisar el borrador de tu compañero

1. Escucha con atención la lectura en voz alta del borrador de tu compañero. Luego, léelo tú despacio.

2. Señala dos o tres cosas que te gusten.

3. Dale a tu compañero una o dos sugerencias para mejorar el borrador.

Inténtalo

Reúnete con un compañero para revisar lo que han escrito. Vuelvan a mirar juntos las características de una buena escritura. Hablen de lo que les gusta de sus textos y de lo que pudiera mejorarse.

Consejos de caligrafía

Es importante escribir limpio y claro para que otros puedan leer tu escritura. Sigue estos consejos de caligrafía.

diestro

zurdo

- Toma el lápiz y coloca el papel como se indica.

- Siéntate derecho, de frente al escritorio y coloca los dos pies en el piso.

- Haz tus letras suaves y uniformes.

- Asegúrate de que las letras no estén ni muy juntas, ni muy separadas.

- Comienza a escribir a la derecha de la línea roja del papel. Deja un espacio del ancho de un lápiz.

- El espacio entre las palabras o entre las oraciones debe ser del ancho de un lápiz.

- Asegúrate de que las letras altas toquen la línea de arriba, las letras cortas la línea media y las colas de las letras cuelguen debajo de la línea base.

correcto	**muy juntas**	**muy separadas**

gracias   gracias   g r a c i a s

Él corrió.

Después saltó.

Inténtalo

Usa tu mejor caligrafía para escribirle una carta a un amigo.

Usar gráficos de computadora

Puedes usar tu computadora para añadir gráficos o dibujos a tu escrito.

- **Usa diferentes tipos de letras.** Usar diferentes tipos de letras y colores hace divertida la lectura.

- **Añade ilustraciones a un cuento.** Usa imágenes tomadas de tu procesador de texto o usa un programa para dibujar. Añade ilustraciones a tu cuento para hacer un libro.

- **Agrega marcos y bordes.**

- **Añade tablas o gráficos a un informe.** Usa tu computadora para hacer tablas y gráficos. Muéstralos al compartir tu informe con tus compañeros de aula.

Pictografía

Libros leídos en octubre				
Tomás	📖	📖	📖	
Ana	📖	📖	📖	
Sam	📖	📖	📖	📖
Eva	📖	📖	📖	
Leyenda	📖 = 1 libro			

Gráfica de barras

Libros leídos en octubre				
Tomás				
Ana				
Sam				
Eva				
	1	2	3	4	5

Presentaciones orales

Quizás quieras hacer una **presentación oral** de lo que has escrito. Éstas son algunas maneras de mantener interesados a los oyentes.

- Planea tu presentación. Decide cómo vas a leer o presentar lo que has escrito.
- Baja el papel de modo que los oyentes puedan verte la cara.
- Mira a los oyentes mientras hablas.
- Modula tu voz para mostrar partes graciosas, tristes o emocionantes de tu escrito.
- Habla alto y claro para que todos puedan oírte.
- Usa dibujos, tablas o líneas cronológicas para hacer que tu escrito sea más interesante y claro.

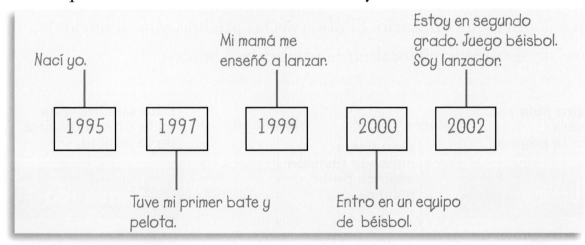

Nací yo. 1995

Tuve mi primer bate y pelota. 1997

Mi mamá me enseñó a lanzar. 1999

Entro en un equipo de béisbol. 2000

Estoy en segundo grado. Juego béisbol. Soy lanzador. 2002

Inténtalo

Piensa en algo emocionante que te haya pasado. Menciona tres cosas que harías para que los oyentes sientan tu emoción.

Uso del glosario

¡Conócelo!

El **Glosario** presenta el significado de algunas palabras, tal como se usan en los cuentos. El glosario también contiene enunciados que ejemplifican el uso de tales palabras. El ejemplo puede mostrar un **sinónimo** (una palabra que tiene el mismo significado) o una **palabra base** (la palabra de la cual se derivan otras). El contenido de un **glosario** siempre se presenta en **orden alfabético**.

¡Aprende a usarlo!

Si deseas encontrar la palabra *océano* en el **Glosario**, primero busca la letra *O*, porque ésa es la letra con que empieza esta palabra. Como la *O* está casi a la mitad del abecedario, las palabras que empiezan con *O* deben estar casi a la mitad del **Glosario**. Si observas las palabras guía al inicio de las páginas, te será más fácil localizar la palabra que buscas.

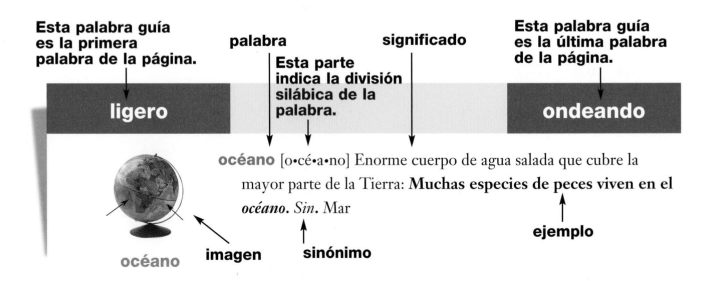

Esta palabra guía es la primera palabra de la página.

palabra

Esta parte indica la división silábica de la palabra.

significado

Esta palabra guía es la última palabra de la página.

ligero

ondeando

océano [o•cé•a•no] Enorme cuerpo de agua salada que cubre la mayor parte de la Tierra: **Muchas especies de peces viven en el** *océano*. *Sin*. Mar

océano

imagen

sinónimo

ejemplo

aburrida [a•bu•rri•da] Fastidiada: **Estoy *aburrida* porque está lloviendo y no puedo salir con mis amigos.**

acariciar [a•ca•ri•ciar] Tocar suavemente: **El niño no dejaba de *acariciar* a su gatico.** *Sin.* rozar.

acogedora [a•co•ge•do•ra] Lugar o cosa confortable: **Mis abuelos tienen una casa muy *acogedora*.**

acorralada [a•co•rra•1a•da] Encerrada en un corral o que no tiene escapatoria: **Los niños rodearon a la perrita y ella se sentía *acorralada*.** *Sin.* encerrada.

agachó [a•ga•chó] Inclinó la cabeza hacia abajo: **El niño se *agachó* cuando vio venir la pelota.** Agachar, agachado.

alborotó [al•bo•ro•tó] Inquietó: **Estábamos tranquilos cuando entró a mi salón un pájaro que *alborotó* a toda la clase.** *Sin.* desordenó, sobresaltó. Alborotar, alborotado, alborotando.

aletas [a•le•tas] Partes del cuerpo de los peces con las que se ayudan a nadar: **Las *aletas* de mi pez son negras con franjas blancas.**

amigos [a•mi•gos] Personas que se estiman, aprecian y apoyan: **Andrés y Juan son mis *amigos*.** *Sin. compañero.*

apareció [a•pa•re•ció] Hizo presencia, se dejó ver: **Después de la lluvia salió el sol y *apareció* un hermoso arco iris.** Aparecer, aparecido.

arremolinada [a•rre•mo•li•na•da] Muchas personas que se agrupan alrededor de algo con desorden: **Cuando fui al estadio de béisbol, vi a la multitud *arremolinada* en las gradas.** Arremolinar, arremolinado.

asustan [a•sus•tan] Que provocan miedo: **Me gusta ver películas que me *asustan*.** *Sin.* espantan. Asustar, asustado.

acariciar

agachó

435

atareadísima [a•ta•re•a•dí•si•ma] Que tiene muchas tareas, ocupaciones: **Cuando mamá está** *atareadísima* **no me escucha con atención.**

aterrizaje [a•te•rri•za•je] Momento en que un avión baja a la tierra: **El piloto tuvo que hacer un** *aterrizaje* **forzoso.**

bandada [ban•da•da] Gran número de aves que vuelan juntas: **Me gusta ver a las golondrinas volando en** *bandada*.
Sin. parvada.

broche [bro•che] Objeto que se usa para fijar algo: **Mary abrió el** *broche* **de su collar y se lo quitó.**

bruma [bru•ma] Niebla que se forma sobre el mar: **Cuando la** *bruma* **aumenta, los barcos no pueden navegar.**

características [ca•rac•te•rís•ti•cas] Cualidades sobresalientes de una persona, animal o cosa: **Una de las** *caracteristicas* **de los perros es que todos tienen la nariz húmeda.**

carámbanos [ca•rám•ba•nos] Pedazos de hielo largos y puntiagudos: **Después de que nevó anoche se formaron** *carámbanos* **en el techo de mi casa.**

cartógrafo [car•tó•gra•fo] El que hace cartas o mapas geográficos: **Este mapa de ríos fue hecho por un** *cartógrafo*.

celebraciones [ce•le•bra•cio•nes] Fiestas para recordar algo: **Las** *celebraciones* **de cumpleaños en mi familia son muy alegres.**

cesta [ces•ta] Canasta, utensilio que sirve para guardar cosas, como alimentos: **Cuando vayas al mercado llévate la** *cesta*.

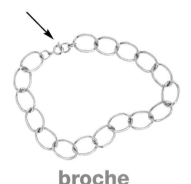

broche

charrería [cha•rre•rí•a] Arte de los charros: **El traje bordado de los charros es una muestra atractiva del arte de la** *charrería.*

conduce [con•du•ce] Guía en alguna dirección: **El chofer** *conduce* **con precaución.** *Sin.* llevar, transportar. Conducir, conducido.

conecta [co•nec•ta] Pone en contacto dos o más cosas: **Por favor,** *conecta* **la televisión en ese tomacorriente.** Conectar, conectado.

copos [co•pos] Porciones de nieve que caen cuando nieva: **Los** *copos* **de nieve caían suavemente sobre los árboles.**

corral [co•rral] Sitio cercado y descubierto para contener animales: **Las gallinas que están en el** *corral* **tienen hambre.** *Sin.* redil.

crecido [cre•ci•do] Que aumentó de tamaño. Se desarrolló: **En los últimos tres meses he** *crecido* **dos centímetros.** Crecer, crecido.

creó [cre•ó] Hizo algo nuevo, produjo algo de la nada: **El escritor** *creó* **un cuento fantástico.** *Sin.* elaboró, generó. Crear, creado, creando.

crestas [cres•tas] Parte alta de las olas del mar: **Las gaviotas tocan las** *crestas* **de las olas con sus alas.**

conduce

decepcionar [de•cep•cio•nar] Desengañar o desanimar: **Esta vez no te voy a** *decepcionar,* **llegaré a tiempo.** Decepcionó, decepcionado.

deriva [de•ri•va] Sin rumbo fijo: **Los barcos de los piratas navegaban a la** *deriva.*

desarrollar [de•sa•rro•llar] Hacer crecer: **Las clases de pintura pueden** *desarrollar* **tus habilidades artísticas.** *Sin.* expandir. Desarrollar, desarrollado, desarrollando.

desdichado [des•di•cha•do] Sin dicha, sin felicidad: **El niño se sentía** *desdichado* **porque había perdido a su mascota.** *Sin.* triste.

direcciones

detectives [de•tec•ti•ves] Personas parecidos a los policías que intentan descubrir alguna cosa: **Los *detectives* investigaban quién había robado el banco.** *Sin.* investigadores.

direcciones [di•rec•cio•nes] Domicilios donde viven las personas: **Yo escribí en mi libreta todas las *direcciones* de mis amigos.**

distancia [dis•tan•cia] Espacio que hay entre un punto y otro: **La *distancia* entre las dos casas es muy corta.** *Sin.* trecho, espacio.

empleado

elevarnos [e•le•var•nos] Alzarnos, levantarnos: **Cuando nos subamos al globo aerostático, vamos a *elevarnos* lentamente.** Elevar, elevado.

empleado [em•ple•a•do] Persona que desempeña algún empleo: **El *empleado* de la tienda respondió con amabilidad.** *Sin.* dependiente.

empollar [em•po•llar] Sentarse encima de los huevos para calentarlos: **La gallina se dispone a *empollar* sus huevos.** Empolló, empollado.

equipaje [e•qui•pa•je] Conjunto de cosas que se llevan en un viaje: **Pusimos nuestro *equipaje* en el auto.**

escabulló [es•ca•bu•lló] Consiguió salir de un peligro o de un problema: **El ratón se *escabulló* por el agujero de la puerta.** *Sin.* huyó, escapó. Escabullir, escabullido, escabullendo.

espectadores

espectadores [es•pec•ta•do•res] Quienes observan un espectáculo: **Los *espectadores* vitorearon cuando el bateador hizo un jonrón.**

estanque [es•tan•que] Lugar donde hay agua detenida: **En el parque hay un *estanque* con patos.** *Sin.* lago.

estudiantes [es•tu•dian•tes] Personas que se educan en una escuela: **Los *estudiantes* de primaria salieron de paseo.**

438

excursión [ex•cur•sión] Paseo fuera de la escuela con propósitos de recreo o de estudio: **La** *excursión* **que más me gusta es cuando vamos al zoológico.**

extrañada [ex•tra•ña•da] Sorprendida, admirada: **Regresé a casa todo sucio después de jugar béisbol y mamá me miró** *extrañada***.**

familiares [fa•mi•lia•res] Que tienen la misma descendencia: **Los** *familiares* **de mi compañera Ana nacieron en Europa.**

flota [flo•ta] Conjunto de embarcaciones: **Si la tormenta no termina pronto la** *flota* **estará en riesgo de hundirse.**

furiosos [fu•rio•sos] Muy irritados, que actúan con ira, con cólera: **Estábamos** *furiosos* **después de que perdimos el partido.**

flota

glotonería [glo•to•ne•rí•a] Que come con exceso: **Cuando uno come con** *glotonería* **puede sentirse mal del estómago.**

grabadora [gra•ba•do•ra] Aparato electrónico que sirve para reproducir sonidos: **Los reporteros usan una** *grabadora* **para hacer entrevistas.**

gracia [gra•cia] Belleza, sutileza, encanto: **El águila vuela con** *gracia***.**

graznido [graz•ni•do] Sonido que emiten algunos animales: **Cuando mi hermanito escucha el** *graznido* **de los patos se pone contento.**

gracia

horizonte

imitaba

heroína [he•ro•í•na] Mujer que realiza algo muy admirable por los demás: **La _heroína_ del cuento salvó a todo un pueblo.**

honor [ho•nor] Cualidad de una persona honesta y digna: **Este mes me eligieron en la escuela para estar en el cuadro de _honor_.**

horizonte [ho•ri•zon•te] Línea aparente que separa la tierra del cielo: **Cuando está amaneciendo el _horizonte_ se ve anaranjado.**

hospitalidad [hos•pi•ta•li•dad] Amabilidad y buen trato con que se recibe a un visitante: **La _hospitalidad_ de la gente de Sidney brilló en los pasados Juegos Olímpicos.**

imitaba [i•mi•ta•ba] Tomaba un modelo y trataba de copiarlo: **Jenny _imitaba_ los ejercicios que veía en la televisión.** Imitar, imitado.

información [in•for•ma•ción] Conjunto de datos acerca de un tema: **Esas revistas contienen _información_ que te podría interesar.**

inundada [i•nun•da•da] Cubierta con agua: **La casa de mi perro está _inundada_.** Inundar, inundado, inundando.

jaripeo [ja•ri•pe•o] Fiesta charra en la que se montan caballos y se hacen suertes con la reata: **En el _jaripeo_ los charros demuestran su valentía.**

ligero [li•ge•ro] Que pesa poco: **Es mejor viajar con equipaje** *ligero*. *Sin*. liviano.

merienda [me•rien•da] Comida ligera que se toma por la tarde: **La** *merienda* **de Javier consiste en un vaso de leche y dos galletas.**

migratorias [mi•gra•to•rias] Que viajan cada cierto tiempo: **Las golondrinas son aves** *migratorias*.

navegaban [na•ve•ga•ban] Viajaban en barco: **Los antiguos marinos** *navegaban* **en barcos de madera.** *Sin*. bogaban. Navegar, navegado.

negado [ne•ga•do] Prohibido, rechazado: **Mi papá se ha** *negado*, **no podré ir al campamento de verano.** Negar, negando.

objetos [ob•je•tos] Cosas que se pueden tocar: **Mi cuarto es un desorden, todos mis** *objetos* **están tirados en el suelo.**

océano [o•cé•a•no] Enorme cuerpo de agua salada que cubre la mayor parte de la Tierra: **Muchas especies de peces viven en el** *océano*.

ondeando [on•de•an•do] Moviéndose a causa del viento: **Aquella tarde la bandera estaba** *ondeando* **en el horizonte.** Ondeó, ondear, ondeado.

océano

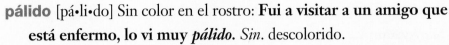

pálido [pá·li·do] Sin color en el rostro: **Fui a visitar a un amigo que está enfermo, lo vi muy *pálido*.** *Sin*. descolorido.

pelar [pe·lar] Quitar la cáscara de una fruta: **Después de *pelar* una naranja no queda más que comérsela.** *Sin*. mondar.

perezoso [pe·re·zo·so] Que no le gusta el trabajo: **Quien es *perezoso*, tarde o temprano paga las consecuencias.** *Sin*. flojo.

prendedor [pren·de·dor] Objeto que se usa para sujetar el pelo: **Las niñas que tienen el cabello largo a veces usan un *prendedor* para sujetárselo.** *Sin*. broche.

proeza [pro·e·za] Acto de valor: **Las personas que corren una carrera de maratón hacen una gran *proeza*.** *Sin*. hazaña.

puerto [puer·to] Lugar junto al mar que sirve para protección de los barcos: **En el *puerto* los marineros descansan del viaje.**

puerto

rancho [ran·cho] Granja grande: **Mis abuelos viven en un *rancho*.**

reata [re·a·ta] Cuerda de fibra que se usa para atar: **Mi tío colgó una *reata* del árbol para hacer un columpio.**

refrescante [re·fres·can·te] Que refresca o da frescura: **Con este calor, no hay nada más *refrescante* que nadar en una alberca.**

requesón [re·que·són] Producto elaborado con leche de vaca: **Algunos platillos saben deliciosos si se acompañan con *requesón*.**

resbalosa [res·ba·lo·sa] Que permite deslizarse fácilmente sobre ella: **La pista de hielo es muy *resbalosa*.** *Ant*. áspera.

rancho

ritmo [rit•mo] Sonido que se oye con cierta cadencia: **Cuando me asusto, mi corazón late a un *ritmo* acelerado.**

ruta [ru•ta] Camino por donde se pasa para ir de un sitio a otro: **Conozco muy bien la *ruta* que sigue el autobús escolar.**

salen [sa•len] Van fuera de un sitio: **En el verano *salen* muchas personas de vacaciones.**

silbato [sil•ba•to] Objeto que produce silbidos: **El arbitro usó su *silbato* para detener el partido de básquetbol.**

tienda de abarrotes [tien•da/de/a•ba•rro•tes] Lugar donde se venden alimentos y golosinas: **Mi mamá fue a la *tienda de abarrotes* a comprar harina.**

tractor [trac•tor] Máquina que usan los agricultores para remover la tierra y cosechar la siembra: **Cuando fui al campo vi a un señor que cortaba el trigo con un *tractor*.**

vaquero [va•que•ro] Persona que cuida el ganado en un rancho: **El *vaquero* llevó a las vacas a la pradera.**

Índice de títulos

Los números de páginas a color contienen información biográfica.

Acknowledgments

For permission to translate/reprint copyrighted material, grateful acknowledgment is made to the following sources:

Curtis Brown, Ltd.: "Last Laugh" from *Blast Off! Poems About Space* by Lee Bennett Hopkins. Text copyright © 1974 by Lee Bennett Hopkins. Published by HarperCollins Publishers.

Candlewick Press Inc., *Cambridge, MA, on behalf of Walker Books Ltd., London*: *Dear Mr. Blueberry* by Simon James. Copyright © 1991 by Simon James. *The Emperor's Egg* by Martin Jenkins, illustrated by Jane Chapman. Text © 1999 by Martin Jenkins; illustrations © 1999 by Jane Chapman.

Children's Better Health Institute, Indianapolis, IN: "Keeping a Road Journal" by Joy Beck, illustrated by Patti H. Goodnow from *Jack and Jill* Magazine. Copyright © 1996 by Children's Better Health Institute, Benjamin Franklin Literary & Medical Society, Inc.

Children's Television Workshop, New York, NY: "Cool It!" by Lynn O'Donnell from *3-2-1 Contact* Magazine, July/August 1997. Text copyright 1997 by Children's Television Workshop. From "Birds Do It! Recycle!" in *Kid City* Magazine, April 1995. Text copyright 1995 by Children's Television Workshop.

Clarion Books/Houghton Mifflin Company: *Anthony Reynoso: Born to Rope* by Martha Cooper and Ginger Gordon. Text copyright © 1996 by Ginger Gordon; photographs copyright © 1996 by Martha Cooper.

Dial Books for Young Readers, an imprint of Penguin Putnam Books for Young Readers, a division of Penguin Putnam Inc.: Illustrations by Simms Taback from *Snakey Riddles* by Katy Hall and Lisa Eisenberg. Illustrations copyright © 1990 by Simms Taback. *El día que la boa de Jimmy se comió la ropa* by Trinka Hakes Noble, illustrated by Steven Kellogg, translated by Rita Guibert. Text copyright © 1980 by Trinka Hakes Noble; illustrations copyright © 1980 by Steven Kellogg; translation copyright © 1997 by Penguin Books USA, Inc. Published by Dial Books for Young Readers, a division of Penguin Putnam Inc.

Dutton Children's Books, an imprint of Penguin Putnam Books for Young Readers, a division of Penguin Putnam Inc.: *Abuela* by Arthur Dorros, illustrated by Elisa Kleven, translated by Sandra Marulanda Dorros. Text copyright © 1995 by Arthur Dorros; illustrations copyright © 1995 by Elisa Kleven; translation copyright © 1995 by Sandra Marulanda Dorros.

Ediciones SM, Madrid, Spain: *Camilón, comilón* by Ana María Machado. Text © 1987 by Ana María Machado; text © 1989 by Ediciones SM.

Editorial Acanto, S.A.: *Querido Greenpeace* (Retitled: *Querido Sr. Arandano*) by Simon James. Text copyright © 1991 by Simon James. Originally published by Walker Books, London.

Sheldon Fogelman Agency, Inc., on behalf of Katy Hall and Lisa Eisenberg: From *Snakey Riddles* by Katy Hall and Lisa Eisenberg. Text copyright © 1990 by Katy Hall and Lisa Eisenberg.

HarperCollins Publishers: *Good-bye, Curtis* by Kevin Henkes, illustrated by Marisabina Russo. Text copyright © 1995 by Kevin Henkes; illustrations copyright © 1995 by Marisabina Russo. Published by Greenwillow Books.

David Higham Associates: "City Music" by Tony Mitton from *Poems Go Clang!* Text © 1997 by Tony Mitton. Published by Candlewick Press.

Henry Holt and Company, LLC: *Chinatown* by William Low. Copyright © 1997 by William Low.

Wendy Lipkind Agency: "The Ant and the Dove" from *Androcles and the Lion and Other Aesop's Fables*, retold in verse by Tom Paxton. Text copyright © 1991 by Tom Paxton.

Little, Brown and Company (Inc.): From *Dinosaurs Travel* by Laurie Krasny Brown and Marc Brown. Copyright © 1988 by Laurie Krasny Brown and Marc Brown.

Margaret K. McElderry Books, an imprint of Simon & Schuster Children's Publishing Division: *Cool Ali* by Nancy Poydar. Copyright © 1996 by Nancy Poydar.

The Miller Agency: *Ruth Law Thrills a Nation* by Don Brown. Copyright © 1993 by Don Brown. Published by Houghton Mifflin Company.

National Geographic Society: From *National Geographic Beginner's World Atlas*. Copyright © 1999 by National Geographic Society.

Simon & Schuster Books for Young Readers, an imprint of Simon & Schuster Children's Publishing Division: *Max Found Two Sticks* by Brian Pinkney. Copyright © 1994 by Brian Pinkney.

Viking Penguin, a division of Penguin Putnam Inc.: *Montigue On the High Seas* by John Himmelman. Copyright © 1988 by John Himmelman.

Franklin Watts, a Division of Grolier Publishing: From "Sports and Exercise" in *Look What Came From China* by Miles Harvey. Text © 1998 by Franklin Watts, a Division of Grolier Publishing.

Photo Credits

Key: (t)=top; (b)=bottom; (c)=center; (l)=left; (r)=right
Page 33, Tom Sobolik / Black Star; 40(t), Werner Bertsch / Bruce Coleman, Inc.; 40(b), Dennis Degnan / Corbis; 41(l), Ernst James / Bruce Coleman, Inc.; 41(r), Photo Researchers; 59, Superstock; 89, courtesy, Walker Books; 113, Rick Friedman / Black Star; 115(t), G.C. Kelly / Photo Researchers; 115(c)Jim Cummins / FPG; 115(b), Jeffrey Sylvester / FPG; 116(t), Rod Planck / Photo Researchers; 116(c), Anthony Merceca / Photo Researchers; 116(b), John Cancalosi / Tom Stack & Associates; 117(l), John Gerlach / Tom Stack & Associates; 117(r), Renee Lynn / Photo Researchers; 122(t), Mark Chappell / Animals Animals; 122(b), Keith Kent / SPL / Photo Researchers; 123(t), Superstock; 123(b), Richard Kolar / Animals Animals; 145, courtesy, Walker Books; 145, David Levenson / Black Star; 176(t), Michele Burgess / Corbis Stock Market; 176(b), Spencer Grant / Photo Researchers; 177(t), Amy Dunleavy; 177(b), MugShots / Corbis Stock Market; 221, Tom Sobolik / Black Star; 280(t), Superstock; 280(b), Rod Planck / Dembinsky Photo Associates; 281(t), Alese & Mort Pechter / Corbis Stock Market; 281(b), Sam Fried / Photo Researchers; 301, Dale Higgins; 306, Keith Gunnar / Bruce Coleman, Inc; 308(tl), Paul Chesley / Stone; 308(tr), Michael Scott / Stone; 308(bl), Ed Simpson / Stone; 308(bc), Connie Coleman / Stone; 308(br), David Hiser / Stone; 309(t), Stone; 309(b), Stone; 320(t), Stone; 309(ct), Hugh Sitton / Stone; 309(cb), Steven Weinberg / Stone; 309(b), Charles Krebs / Stone; 321(t), Michael Nichols / National Geographic Image Sales; 321(ct), Andrea Booher / Stone; 321(c), Greg Probst / Stone; 321(cb), Stephen & Michele Vaughan Photography; 321(b), Tom Bean; 322, Ed Simpson / Stone; 323, Rosemary Calvert / Stone; 326(t), Stone; 326(c), Mark Lewis / Stone; 326(b), Bruce Wilson / Stone; 327(t), Dave Bartruff / Attistry International; 327(c), Stephen Krasemann / Stone; 327(b), Stone; 330(tr), Gary Brettnacher / Stone; 330(cl), Mark Lewis / Stone; 330(cr), Cosmo Condina/ Stone; 330(bl), Stone; 331(tl), George Hunter Photography; 331(bl), Nick Gunderson / Stone; 331(br), Will & Deni McIntyre / Stone; 336(t), Robert Lewine / Corbis Stock Market; 336(b), T&D Ann McCarthy / Corbis Stock Market; 337(t), Myrleen Ferguson / PhotoEdit; 337(b), Superstock; 356, Rick Friedman / Black Star; 357, Rick Friedman / Black Star; 379, Peter Silva / Black Star; 405(tl), The Granger Collection, New York; 405(tc), Culver Pictures; 405(tr), NASA; 405(bl), Liason Agency; 405(bc), NASA; 405(br), NASA / Photo Researchers, Inc.

Illustration Credits

Steve Johnson/Lou Fancher, Cover Art; Gary Taxali, 4-5, 12-13; Will Terry, 6-7, 150-151; Jennifer Beck-Harris, 8-9, 278-279; Ethan Long 10-11, 36-37, 408; Clare Schaumann, 14-15; Steven Kellogg, 16-33; Mark Boivin, 34-35; Simms Taback, 34-35; Mark Boivin, 40-41; Mark Teague, 42-59; Nancy Davis, 62-63, Stephanie Darden, 63; 225, 226, 382; Donna Perrone, 66-67; Simon James, 68-89; Jackie Snider, 92-93, 247, 173; Kathi Ember, 96-97; Nancy Poydar, 98-113; Tuko Fujisaki, 119, 303, 406-407; Nancy Coffelt, 120, 147, 275, 333, 404-405; Jane Chapman, 124-145; Cathy Bennett, 148, 197; Ande Cook, 152-153; Mary GrandPré, 154-169; Marisabina Russo, 178-195; Geneviéve Després, 200-201; Brian Pinkney, 202-221; Liz Conrad, 222-223; Andy Crabtree, 228-229; Craig Spearing, 228-229; William Low, 252-271; Mou-sien Tseng, 280-281; Thomas Sessions, 280-281; Mark McIntyre, 281; Elisa Kleven, 282-301; Stephanie Darden, 304;Photo Researchers, Inc. 306-307; Marc Brown, 338-357; Liz Callen, 358-359; Laura Ovresat, 360-361; Amanda Harvey, 364-365; John Himmelman, 366-379; Chris Van Dusen, 380-381; Gail Piazza, 384-385; Don Brown, 386-403; Holly Cooper, 437, 440, 442.